Gustav Hartlaub

Die Glanzstaare Afrika's

Gustav Hartlaub

Die Glanzstaare Afrika's

ISBN/EAN: 9783742898791

Hergestellt in Europa, USA, Kanada, Australien, Japan

Cover: Foto ©Andreas Hilbeck / pixelio.de

Manufactured and distributed by brebook publishing software (www.brebook.com)

Gustav Hartlaub

Die Glanzstaare Afrika's

DIE
GLANZSTAARE AFRIKA'S

MONOGRAPHISCH BEARBEITET

VON

DR. G. HARTLAUB.

Abhandlungen des Naturwissenschaftlichen Vereins zu Bremen.

Band IV. Heft II.

BREMEN.

Druck von G. Hunckel.

1871.

Die Glanzstaare Afrika's,

monographisch bearbeitet

von Dr. G. Hartlaub.

Die Glanzstaare (Lamprotornithinae) Afrika's haben mich bereits im Jahre 1859 eingehender beschäftigt. Wie sehr diese Gruppe staarartiger Vögel einer critischen Revision und Bearbeitung bedürftig sei, davon hatte ich mich bei Gelegenheit von fortgesetzten Studien, betreffend die Ornithologie Westafrika's, überzeugt. Das schon damals ungewöhnlich reiche Material, welches die Bremer Sammlung darbot, verglichen mit den mir zugänglich gewordenen Schätzen der Museen von London, Leyden, Paris, Berlin, Frankfurt u. s. w., setzte mich in den Stand, eine monographische Uebersicht der Lamprotornithinen Afrika's zusammenzustellen und dieselbe (in Caban. Journal für Ornithologie) zu veröffentlichen. Ich hatte mich dabei vielseitiger Unterstützung und Auskunft zu erfreuen. Inzwischen hat sich unsere Kunde von diesen Vögeln in erfreulicher Weise vermehrt. Nicht unwichtige Irrthümer hinsichtlich derselben konnten berichtigt werden, und die Zahl der damals bekannten Arten hat einen zwar nicht starken aber doch sehr interessanten Zuwachs erhalten. So schien es mir denn, als würde ein abermaliger und noch erschöpfender angestellter Versuch, das Bekannte über die Glanzstaare zusammenzustellen, wohl an der Zeit sein. Von den 36 oder 37 bekannten Arten besitzt die Bremer Sammlung nicht weniger als 32 in 75 Exemplaren. Dennoch erschien mir dieser Materialbestand ungenügend, und erst die Bereitwilligkeit meines Freundes R. B. Sharpe in London, des ausgezeichneten Kenners afrikanischer Vögel, mir die 120 Individuen zählende Suite der afrikanischen Lamprotornithinen seiner Privatsammlung zu beliebiger Benutzung für meine Arbeit nach Bremen zu senden, konnte mich aller weiteren Bedenken entheben. Nur zwei Arten haben sich meiner persönlichen Untersuchung entzogen: Notauges albicapillus, zur Zeit in einem einzigen Exemplar in Calcutta conservirt, und Lamprocolius Lessonii, eine unzweifelhaft gute, aber bis jetzt auch nur nach einem Exemplare durch Pucherau bekannt gewordene Art der Pariser Sammlung. Gern hätte ich die durch die Gattungen Aplonis und Calornis repräsentirten indischen und oceanischen Vertreter dieser Abtheilung in den Kreis meiner Betrachtung gezogen; aber dazu würde das mir zur Zeit zugängliche Material bei weitem nicht ausreichen. Die schöne auf die Inselgruppen des stillen Meeres beschränkte Gattung Aplonis ist in der Bremer Sammlung ziemlich vollständig vertreten; aber über Calornis lässt sich wohl nur in London oder in Leyden schreiben.

Die systematische Stellung der Lamprotornithinen ist eine wissenschaftlich gesicherte. Sie sind mehr oder weniger Staare und bilden eine sehr natürliche Abtheilung der Familie Sturninae. Wir haben bei diesem, dem systematischen Theile unserer Arbeit Sundevall's „Methodi naturalis avium disponendarum tentamen" zu Grunde gelegt, die jüngste (1872) und zugleich beste Arbeit, die überhaupt jemals in streng wissenschaftlicher und doch nicht einseitiger Weise eine natürliche Anordnung der Vögel darzulegen versucht hat. Da Sundevall's Cohorte „Coliomorphae" den Coracomorphae Huxley's so ziemlich entspricht, so können die von diesem für jene hervorgehobenen anatomischen Charactere auch als für die Glanzstaare gültig betrachtet werden. (On the classific. of Birds etc. Proc. Z. S. Lond. 1867, p. 469). Es würde zu weit führen, wollten wir hier untersuchen, ob oder in wie weit Sundevall berechtigt war, die hinterindischen Gattungen Saroglossa, Heterornis und Xenogenys mit den afrikanischen Glanzstaaren in eine Abtheilung zu vereinigen. Dass er Notauges von diesen trennen und bei den Pastorinen unterbringen will, scheint uns auf einer irrthümlichen Anschauung zu beruhen. Höchst bedenklich bleibt endlich die Annäherung der Gattung Astrapia, eines Vogels aus Neuguinea, dessen Füsse wir noch nicht einmal kennen, an die langschwänzigen Lamprotornithinen Afrika's.

Von den 6 Gattungen, in welche wir die Glanzstaare vertheilen, characterisiren sich Lamprotornis, Lamprocolius und Pholidauges sehr einfach und natürlich. Bei Notauges hat man nothwendig eine Unterabtheilung anzunehmen. Denn N. superbus und N. chrysogaster erweisen sich schon durch gewisse Färbungseigenthümlichkeiten, namentlich durch die Sammetflecken der Flügel als den Lamprocolien ganz nahe verwandt, während N. bicolor, die Spreeuw der holländischen Capcolonisten, diesen durch ihr Colorit wie durch Structurunterschiede, z. B. durch den dickfleischigen Mundwinkel und durch deutlich vorhandene Bartborsten ferner steht. Bei der Amydrusgruppe fällt die Entscheidung hinsichtlich der generischen Sonderung am schwersten. Während nämlich Färbung und Lebensweise bei den bekannten 9 Arten die wunderbarste Uebereinstimmung zeigen, ist grosse Verschiedenheit in der Gestalt der einzelnen Theile, also des Schnabels, der Flügel, des Schwanzes, vorhanden. Man kann sich schwer dazu stimmen, Vögel von so absolut verschiedener Schnabelbildung wie Pilorhinus albirostris und Onychognathus fulgidus als congenerisch zu betrachten. Für diese Gruppe behält Sundevall's „dubium videtur, an distinguenda vel in unum genus conjungenda sint" zunächst seine volle Berechtigung. — Nur bei wenigen der afrikanischen Glanzstaare lassen sich constante Lokalrassen nachweisen.

Die geographische Verbreitung der Lamprotornithinen reicht in Afrika etwa vom 17ten Grade N. Br. bis zum Cap der guten Hoffnung und bietet manches Eigenthümliche dar. Die weitest verbreitete Art ist Pholidauges leucogaster, ein Vogel, den wir in unveränderter Gestalt von Arabien, von Natal, vom Djur und von der Goldküste kennen. Das Wohngebiet anderer ist ein ausserordentlich beschränktes. So findet man Lamprocolius ignitus ausschliesslich auf der Insel do Principe, Onychognathus fulgidus ausschliesslich auf St. Thomé und Lamprocolius Lessonii kommt nur auf Fernando Po vor. Auf dem Festlande Afrika's scheint Notauges albicapillus, von Speke im Innern des Somali-Landes entdeckt, eine der lokal beschränktesten Arten zu sein.

Westafrika allein bewohnen 11 Arten: Lamprotornis purpureus, Lamprocolius Lessonii, L. ignitus, L. splendidus, L. Defilippii, L. porphyrurus, L. nitens, L. acuticaudus, L. purpureiceps, L. cupreocauda, Pholidauges Verreauxi, Onychognathus fulgidus und O. Hartlaubii.

West- und Nordostafrika: 6 Arten: Lamprotornis aeneus, Lamprocolius auratus, L. chalcurus, L. chalybaeus, L. chloropterus, Notauges chrysogaster.

West- und Südafrika: 3 Arten: Lamprocolius phoenicopterus, L. decoratus, Amydrus caffer.

Südafrika allein: Lamprotornis Mewesii, L. Burchelli, Notauges bicolor und Amydrus morio.

Süd- und Ostafrika: Lamprocolius melanogaster.

Süd-, West- und Ostafrika: Lamprocolius sycobius.

Nordost-, Süd- und Westafrika: Pholidauges leucogaster.

Nordostafrika allein: Lamprotornis purpuropterus, Notauges superbus, N. albicapillus, Amydrus Rüppelli, A. Blythi, Pilorhynchus albirostris, Oligomydrus tenuirostris.

Arabien und Syrien: Amydrus Tristramii.

Die verticale Verbreitung erreicht in Abyssinien bei Oligomydrus tenuirostris die Höhe von 14,000 Fuss ü. d. M., bei Pilorhinus albirostris die Höhe von 10,000 F., bei Pholidauges leucogaster und Lamprocolius chalybaeus die Höhe von 9000 F., Lamprotornis purpuropterus und Notauges chrysogaster wurden nicht über 6000 F. hoch angetroffen. Vielleicht belehrt uns eine nicht allzuferne Zukunft darüber, wie hoch hinauf das Vorkommen von Glanzstaaren sich am Kenia, am Kilimandjaro, am Pic von Cameroons oder am Clarence-Peak der Insel Fernando Po erstreckt.

Wenn sich nun einerseits und zwar ganz überwiegend der Schwerpunkt der Verbreitung der Lamprotornithinen Afrika's als auf der Westküste liegend ergiebt, wo die Zahl eigenthümlicher Arten mit der höchsten metallischen Farbenpracht des Gefieders dies zu beweisen wetteifert, wo jede der grösseren Inseln eine ihr ausschliesslich angehörige Species besitzt, so erscheint dagegen die Armuth an Vögeln dieser Gruppe auf den uns bekannten Gebieten der Ostküste um so auffallender. Lamprocolius sycobius, den Peters in Mossambique entdeckte und Notauges superbus, welchen die Expedition v. d. Decken's landeinwärts von Mombas antraf, sind hier die einzigen Repräsentanten derselben. Auf den Inseln aber scheint daselbst diese Form ganz zu verschwinden. Auf Madagascar erinnert zwar noch Saroglossa madagascariensis, obwohl nur entfernt, an die Glanzstaare des Continents. Die Inseln Zanzibar, Pemba und Socotra, die Archipele der Komoren und Mascarenen entbehren derselben dagegen vollständig.

Zu unserer Kenntniss von der Lebensweise der Glanzstaare trugen bei: Levaillant, Perrein, Rüppell, Ehrenberg, Speke, Layard, J. Verreaux, Usher, Victorin, Smith, Fraser, Reichenow, Blanford, Jesse, Keulemans und Andere. In erster Linie aber sind hier Heuglin und A. Brehm zu nennen, deren trefflichen Schilderungen wir die Hauptzüge unseres Bildes entlehnen.

Alle Beobachter stimmen darin überein, dass die Glanzstaare in ihrem ganzen Auftreten am meisten unsern Staaren ähneln. „Sie zählen insgesammt zu den beweglichsten und lebhaftesten Vögeln ihrer Heimath." Man trifft, so schreibt uns Dr. Reichenow, die Glanzstaare in Westafrika, mit Ausnahme des dichten Urwaldes, überall, in den gemischten Steppen, an Waldesrändern und in Waldlichtungen. Sie besuchen auch die Cocospalmen in der Nähe der Ortschaften." Dr. G. Fritsch schildert ein Gebiet in British Caffraria, wo unter niedrigen schirmartig ausgebreiteten Mimosenbäumchen üppiger Graswuchs den Boden bedeckte. „Es war gerade die Zeit des Blühens und dichte gelbe Blüthchen zierten die Bäume, als wenn ein goldener Regen auf die Gegend gefallen wäre. Züge von verschiedenen Lamprotornis-Arten flogen in den Gehölzen umher, als gefährliche Concurrenten die Käfer von den Mimosen absuchend und dabei den prächtigen stahl- oder azurblauen Glanz ihres dunklen Gefieders entfaltend." In den frühen Morgenstunden und gegen Abend sammeln sich diese Vögel auf gewissen Bäumen, um von dort ihr Lied oder besser ihr Geschwätz vorzutragen. Die grosse Mehrzahl der Lamprotornithinen lebt nämlich höchst gesellig und sondert sich nur zur Zeit der Fortpflanzung zu Paaren, die jedoch bei vielen Arten auch dann noch mit andern zusammenhalten (z. B. L. splendidus nach Reichenow). Manche Arten erscheinen gelegentlich in ungeheuren Schaaren, andere sieht man gewöhnlich, und namentlich zur Regenzeit, in kleineren Flügen von 6 bis 20 Stück. Am wenigsten gesellig lebt der Schuppenglanzstaar (Pholidauges).

Ein eigentliches Wandern hat bei den Glanzstaaren nicht statt. Fehlt es doch auch dazu an den nöthigen Motiven. Dagegen sind sämmtliche Glanzstaare mehr oder weniger Strichvögel, die periodisch, namentlich zur Zeit der Reife gewisser Früchte, an dieser oder jener Lokalität massenhaft erscheinen, daselbst einige Zeit verweilen, um dann auf kürzere oder längere Frist wieder zu verschwinden. So wird in Harris' Buch „The Highlands of Ethiopia" eine Lamprotornis-Art erwähnt, die sich alljährlich nur während zweier Monate in Schoa aufhalte, um während dieser Zeit ungeheure Massen von Insecten zu vertilgen. Levaillant's Notiz, dass zu gewissen Zeiten die ganz westlichen Lamprot. aeneus und auratus schaarenweise im Namaqualande erschienen, was denn schon mehr ein wirkliches Wandern repräsentiren würde, verweisen wir, da sie keinerlei Bestätigung von Seiten späterer Beobachter erfahren hat, ohne Bedenken in das Gebiet der Fabel. Es scheint übrigens selbst das erwähnte durch Nahrungsbedürfniss motivirte Streichen sich bei manchen Arten in nur beschränktem Maasse zu äussern. A. Brehm z. B. bezeichnet die von ihm in Sennaar und Kordofahn beobachteten Arten als ständige Bewohner jener Gegenden.

Bezüglich der Nahrung kann man die Glanzstaare beinahe omnivor nennen. Früchte, Beeren, Sämereien, Insecten aller Art, namentlich auch Larven, sodann Mollusken, z. B. kleine Helicinen, werden als beliebte Nahrungsmittel namhaft gemacht. Rüppell will beobachtet haben, dass die langschwänzigen, auf hohen Bäumen lebenden Arten vorzugsweise vegetabilische, die kurzschwänzigen, viel auf dem Boden verkehrenden Arten dagegen mehr animalische Kost liebten. Einige Amydrus frequentiren den Rücken des Rindviehs, diesem Larven und Zecken abzusuchen.

Auch über die Fortpflanzung der Glanzstaare haben wir zuverlässige Angaben. Dieselbe fällt bei manchen Arten in die Monate October, November und December (Amydrus caffer, Lamprocolius phoenicopterus u. s. w.), bei andern in den Juli und August (L. aeneus, purpuropterus, chalybaeus u. s. w.). Hinsichtlich des Nestbaues besteht grosse Verschiedenheit. Gewisse Amydrus, wie morio und caffer, nisten colonienweise in Felsklüften, sämmtliche Lamprotornis-Arten dagegen auf hohen Bäumen, ebenso manche Lamprocolii wie z. B. chalybaeus. Die Mehrzahl dieser letzteren aber zählt zu den Höhlenbrütern und nistet in Baumlöchern, wie z. B. L. ignitus und L. splendidus. Notauges chrysogaster baut gesellig im Buschwalde, N. bicolor in Wohnungen und Mauerlöchern. Von dieser letzteren Art und von L. phoenicopterus heisst es, dass sie sich gelegentlich fremder Nester bemächtigen. Bei den im Berliner Aquarium gepflegten Glanzstaaren war das Nest zierlicher, als es sonst bei Höhlenbrütern zu sein pflegt. „Die Halme werden hübsch geordnet und theilweise so angelegt, dass sie das Nest bis auf ein weites Schlupfloch überwölben. Die zumeist aus Federn bestehende Fütterung wird wohl geglättet. Die Farbe der wie bei unserm Staar geformten Eier ist ein Bläulichgrün bis zum reinen Blau in verschiedenen Nüancen. Bei den meisten Arten sind sie gefleckt. Nach der Brutzeit schweifen die Glanzstaare mit ihren Jungen und Artgenossen zu Gesellschaften oder selbst zu grossen Schaaren vereint im Lande umher, wobei sie bald Baumkronen, bald niedriges Gebüsch frequentiren." Ueber die Fortpflanzung dieser Vögel in der Gefangenschaft hat A. Brehm meisterlich berichtet.

Der Stimmlaut der Glanzstaare wird durchgängig als unangenehm bezeichnet: Gekreisch, Geschwätz, Pfeifen u. s. w. Amydrus caffer wird eine Art von Gesang nachgerühmt. Aber Amydrus Tristramii soll unnachahmlich schön und höchst eigenthümlich singen.

Bei der oft schwierigen Unterscheidung der einzelnen Arten dieser Familie verdient die Befiederungs- und Färbungsart der Glanzstaare unsere volle Aufmerksamkeit. „Wenn man — so schreibt A. Brehm — durch das Düster des afrikanischen Urwaldes geht, so geschieht es wohl manchmal, dass einem plötzlich ein heller Schimmer in die Augen fällt, vergleichbar einem Sonnenstrahle, welcher von einer spiegelnden Metall- oder Glasfläche zurückgeworfen wird. Der Schimmer ist wirklich nichts anders als Sonnenschein, der vom Gefieder eines Glanzstaars abprallte; denn wenn man letzteren aufgefunden hat, kann man gewahren, dass er bei günstiger Beleuchtung mit jeder Bewegung einen Sonnenstrahl wiederspiegelt. Gleich nach dem Tode verliert das Gefieder den grössten Theil seiner Schönheit." Brehm meint, er habe nur noch bei Ibis hagedash dieses eigenthümliche Blitzen der Metallfedern beobachtet. Ein wahrhaft wundervolles Farbenspiel ruft im Fliegen der Schuppenglanzstaar hervor, bald in Amethystblau, bald in Goldigkupferröthlich schillernd, je nachdem er von dieser oder jener Seite Sonnenlicht empfängt und wieder zurückgiebt.

Bei den von mir unter dem Namen Augornithes zusammengefassten ächten Glanzstaaren, also den Gattungen Lamprotornis und Lamprocolius, sodann auch bei Notauges unterscheidet sich das Farbenkleid des ausgefiederten Weibchens nicht wesentlich von dem des Männchens. Anders ist dies beim Schuppenglanzstaar (Pholidauges), dessen unscheinbar gefärbtes Weibchen der Metalltöne entbehrt. Bei Amydrus existiren bestimmte Färbungsunterschiede der Geschlechter.

Dem Jugendkleide fehlen bei der Mehrzahl der Glanzstaare die Metallfarben, doch nicht bei allen. Nach Brehm's Beobachtung gleicht bei L. chalcurus das Jugendkleid dem der Alten (bis auf etwas geringeren Schimmer) vollständig. Bei Notauges bicolor geht der prächtige Metallschiller des Jugendkleides mit dem Alter mehr und mehr verloren.

Man findet bei ausgefärbten Individuen einer und derselben Art das Metallgrün des Gefieders bald mehr bald weniger in's Bläuliche ziehend. Lokalrassen bezeichnen diese Schattirungen nicht, denn man sieht häufig gelblichgrüne und bläulichgrüne Exemplare derselben Art aus einer und derselben Gegend. Jedenfalls haben wir das Blau bei diesen Vögeln als höhere Farbenstufe zu betrachten; denn dasselbe, wie es gewissen Arten an Kopf- und Halsseiten, auf Unterrücken nnd Bauch eigen ist, kommt erst beim alten Vogel zum Vorschein und ist im Hochzeitskleide am schönsten. An gewissen Stellen steigert es sich dann zu einer noch höheren Farbenstufe, dem **Violetten**.

Das bei der Mehrzahl der ächten Glanzstaare auffallende Vorhandensein sammtartiger schwarzer Spitzenflecken der Deckfedern der Schwingen 2. Ordn. und der grössten obern Flügeldeckfedern bezeichnet bei beiden Geschlechtern das Prachtkleid. Dazu kommt manchmal noch eine sammtschwarze Spitzenumrandung der Cubitalschwingen. In der Grösse variiren jene zwei Reihen bildenden Flecke bei den verschiedenen Arten. Sehr schön und gross zeigt sie z. B. **Notauges superbus**.

Nur eine durch den eigenthümlichen Seidenglanz des Gefieders zudem ausgezeichnete **Lamprocolius**-Art, L. **melanogaster**, zeigt von diesen Flügelflecken keine Spur.

Sammtartige Federbildung wiederholt sich ausserdem noch in dieser Familie bei der Kopfbefiederung von **Lamprocolius purpureiceps** und auf den Flügeln der beiden **Onychognathus**-Arten.

Der irrthümlich als **Schulterfleck** bezeichnete in stahlblau, purpurviolett, kupferroth und messinggelb schillernde Flügelfleck, der gewisse Arten ziert, wird von den kleinen Deckfedern am Unterarm gebildet und mag immerhin der Kürze halber **Armfleck** genannt werden. Mit den Skapularen hat derselbe gar nichts zu thun.

Grösse und Gestalt des Schnabels variiren bei Individuen einer und derselben Art nicht unerheblich.

Das durch Färbung, Gefiederstructur und Lebensweise anomalste Glied in dieser Familie ist der mehrfach erwähnte **Schuppenglanzstaar** (Pholidauges). Kein Wunder, dass die classificirende Ornithologie mit dieser Gattung die seltsamsten Experimente gemacht hat.

Ueber das Leben und namentlich über die Fortpflanzung der Glanzstaare in der **Gefangenschaft** hat A. Brehm sehr interessante und ausführliche Mittheilungen gemacht. (Gartenlaube 1872, p. 434.) Er konnte an sieben Arten beobachten, die in etwa 30 Individuen die Volière des Berliner Aquariums belebten. In keinem der grösseren zoologischen Gärten wird man jetzt diese Form vermissen, die an Farbenpracht, an liebenswürdigem Wesen und an Dauerhaftigkeit mit den beliebtesten Zier- und Zimmervögeln concurrirt.

Die Glanzstaare der Bremer Sammlung.

I. **Lamprotornis**, Temm.
1. **aeneus**.
   a. *m.* ad. Senegambien.
2. **purpuropterus**.
   a. *m.* ad. Sennaar.
   b. *m.* ad. Ostafrika.
   c. *f.* juv. Ostafrika.
3. **Mewesii**.
   a. *m.* ad. Doughefluss.
4. **purpureus**.
   a. *m.* ad. Benguela.
   b. *f.* ad. Benguela.
5. **Burchelli**.
   a. *m.* ad. Natal.

b. *f.* ad. Natal.
c. *f.* Natal.

II. Lamprocolius, Sund.

6. ignitus.
   a. *m.* ad. Ilha do Principe.
   b. *f.* ad. Ilha do Principe.
7. splendidus.
   a. ad. Gambia.
   b. *m.* ad. Gabon.
   c. ad. Gambia.
8. auratus.
   a. ad. Gambia.
   b. *m.* ad. Gambia.
   c. juv. Westafrika.
   d. *m.* ad. (var. amethystinus) Bongo.
   e. *f.* ad. (var. ameth.) Bongo.
9. chalcurus.
   a. *m.* ad. Westafrika.
   b. *f.* ad. Westafrika.
   c. *m.* ad Westafrika.
   d. ad Westafrika.
10. porphyrurus.
   a. *m.* ad. Goldküste.
11. chalybaeus.
   a. Abyssinien.
   b. juv. Sennaar.
   c *m.* ad. Abyssinien.
   d. *f.* ad. Abyssinien.
   e. ad. Sennaar.
   f. juv. Abyssinien.
   g. *f.* Gabon.
   h. *m.* Abyssinien.
12. chloropterus.
   a. ad. Gabon.
   b. *m.* juv. Sennaar.
   c. ad. Gabon.
   d. ad. Gabon.
13. acuticaudus.
   a. *m.* ad. Angola.
14. phoenicopterus.
   a. ad. Natal.
   b. ad. Südafrika.
   c. ad. Südafrika.
   d. ad. Natal.
15. decoratus.
   a. *m.* Angola.
16. sycobius.
   a. *m.* ad. Angola.
17. melanogaster.
   a. ad. Südafrika.
   b. juv. Südafrika.
18. purpureiceps.
   a. *m.* ad. Gabon.
   b. *f.* ad. Gabon.
19. cupreocaudus.
   a. *m.* ad. Gabon.

III. Pholidauges, Cab.

20. leucogaster.
   a. *m.* ad. Gambia.
   b. *f.* ad Gambia.
   c. *m.* juv. Gabon.
   d. ad. Gambia.
21. Verreauxii.
   a. *m.* ad. Angola.
   b. *f.* ad. Angola.

IV. Notauges, Cab.

22. superbus.
   a. *m.* ad. Schoa.
23. chrysogaster.
   a. *m.* ad. Ostafrika.
   b. juv. Sennaar.
   c. *f.* jun. Ostafrika.
24. bicolor.
   a. *m.* ad. Südafrika.
   b. *f.* ad. Südafrika.

V. Onychognathus, H.

25. fulgidus.
   a. *m.* ad. St. Thomé.
   b. *f.* ad. St. Thomé.
26. Hartlaubii.
   a. ad. Goldküste.

VI. Amydrus.

27. morio.
   a. *m.* ad. Südafrika.
   b. *f.* ad. Südafrika.
   c. *m.* juv. Südafrika.
28. Rüppelli.
   a. *m.* ad. Abyssinien.
   b. *f.* ad. Abyssinien
   c. *m.* juv. Abyssinien.
29. Tristramii.
   a. *m.* ad. Jericho.
   b. *f.* ad. Jericho.

30. albirostris.
   a. *f.* ad. Abyssinien.
31. caffer.
   a. ad. Südafrika.

32. tenuirostris.
   a. *m.* ad. Abyssinien.

32 Arten in 75 Exemplaren.

Ordo I. Oscines, Pall.

Hallux validus, ungue caeteris majore armatus, separatim mobilis. Tectrices alarum pauciores minoresque: maximae in serie simplici dispositae, medium pennarum cubitalium non excedentes.

Series prior. Laminiplantares.
Planta tarsi laminibus duabus corneo-membranaceis tecta.

Oscinum Laminiplantarium
Cohors 3, Coliomorphae.
Rostrum forte, plerisque majusculum, non vel parum deflexum, angulo menti ante nares producto. Tomia inferiora simplicia. Lingua non extensilis, plerumque crassius carnosa, apice corneo, tenui, lacero vel in fila vario modo diviso. Pedes plerisque fortes, magni, ungue medio obliquo.

Oscinum Coliomorpharum
Phalanx 2. Humilinares:
Remigibus decem, prima brevi; naribus humiliter positis. Digitus externus interno parum longior et articulum medii primum non multum excedens, hallux mediocris.

Fam. Sturninae.
Alis mediocribus vel longioribus, penna prima brevi. Nares oblongae, operculo parvo, supero, molli (saltem in junioribus) magis minusve plumato, margine crassiore nudo. Aves fronte depressa, lata, vibrissis nullis. Rostrum et cauda forma maxime varia. Pedes plerisque magni, robusti.
(Sundev. Förs. till Fogelkl. Nat. Uppst. 1872.)

Divis. **Lamprotornithinae.**

Rostrum a basi porrectum (sutura igitur oris postice recta et max. infer. postice non altior). — Rostrum praeterea compressum, apice deflexo et inciso: Sundev. Förs. till Fogelkl. Nat. Uppst. p. 40.

A. *Augornithes.* (Aechte Glanzstaare.)

Alae plurimarum maculis nigricantibus holosericeis in apicibus tectricum majorum et mediarum positis ornatae.
Ptilosis nitore metallico vario et pulcherrimo resplendens.
Colores in mare et foemina subaequales.

Genus Lamprotornis, Temm.

Man. d'Orn. 1820. — Urauges, Cab. M. Hein. 200.

Rostrum gracile, breviusculum, compressum, leviter emarginatum, rectiusculum, culmine subarcuato; naribus apertis.

Alae elongatae, caudae basin longe superantes, rotundatae; remiges 3—6 caeteris longiores, subaequales; pogoniis externis remigum 1. ord. parte apicali vix angustatis.

Cauda elongata, valde gradata, sub certa luce fasciolatim undulata, rectricibus apice rotundatis, latiusculis vel angustatis.

Pedes robusti, magni, tarsis elongatis, validis; digito interno et externo subaequalibus; unguibus longis, robustis, postico robustissimo.

Colores metallici, nitidissimi; maculae holosericeae alarum in nonnullis vix conspicuae. Color viridis praevalet.
5 spec.
Africa trop.

1. L. aeneus (Gm.).

Splendide aeneo-viridis, plus minus chalybeo-caerulescens; capite circumscripte chalceo-fuscescente; tergo, uropygio et supracaudalibus conspicue caerulescentibus; duabus seriebus macularum holosericeo-nigrarum in alis; remigibus primariis pogonio externo obscure viridibus, internis metallice virentibus, marginem versus nigricantibus; cubitalibus totis nitide aeneo-viridibus; abdomine violascente-chalybeo, medio in cupreum vergente; subcaudalibus violascente et virescente-variis; subalaribus aeneo-viridibus; cauda splendide purpurascente-violacea, sub certa luce fasciolata; rostro et pedibus nigris. Iris dilute flava.

Foem. Minor, coloribus minus nitidis.
Long. tot. 48—50 cent.

1. Westafrika. Adult. Nacken stark ins bläuliche; die Sammtflecken auf den Spitzen der Flügeldeckfedern schwach entwickelt; Bauch violett-bläulich, auf der Mitte mit Goldglanz; innere Flügeldecken grünbläulich gemischt; untere Schwanzdeckfedern schwärzlich, mit grünbläulichem Saum. Innenfahnen und die Unterseite des Schwanzes schwarz.

2. **Goree** am Senegal: Coll. Sharpe. Prachtvoll und intensiv broncegrün, untere Schwanzdecken mit viel purpurbläulichem Schiller; Bauchmitte mit intensiven Goldtönen.
3. **Gambia**: Mus. Brem. Altausgefärbt. Die Sammtflecken der Flügel deutlich entwickelt; die broncebräunliche Kehle mit schmalem Purpursaum; Unterrücken, Bürzel und obere Schwanzdecken mehr ins Stahlblaue; mittlere Steuerfedern und Aussenfahnen der seitlichen prachtvoll violett.

Das Jugendgefieder noch unbekannt.

rostr. a fr.	al.	caud.	tars.	
19 m.	18 c.	31 c.	4 c.	(Westafr. Coll. Sharpe)
20 m.	20 c.	34 c.	42 m.	(Goree: Coll. Sh.)
19 m.	19 c.	32 c.	4 c.	(Gambia: Br. S.)
18 m.	18 c.	32 c.	43 m.	(Bongo: Heugl.)
20 m.	19 c.	26 c.	42 m.	(Kordofahn: Heugl.)

Das Vaterland dieser Art ist die Westküste Afrika's vom Senegal bis zur Goldküste und selbst bis Angola hinab und ein Theil Nordostafrika's, wo Heuglin dieselbe am weissen Nil und seinen Zuflüssen westwärts bis zum Kosanga, im südlichen Sennar und in Kordofahn antraf. Mit Sundevall, J. Verreaux und Layard halten wir sämmtliche Angaben seines Vorkommens in Südafrika für mindestens höchst unsicher. — Auch der Angabe „Ilha do Principe" in Erman's Atlas traue ich nicht.

Die Lebensweise schildert uns Heuglin. Man trifft den scheuen, lebhaften Vogel meist in der Waldregion. Kleine Flüge von 6-8 Stück schweifen lärmend und in steter Bewegung in der Qabah umher. Die Mauser fällt in die Monate November und December, die Brutzeit in den August. Oefters bemerkt man die Jungen dicht aneinander gedrängt auf einem schwanken Zweige sitzend, während die Alten emsig von Ast zu Ast schweben oder mit gehobenem Schweif elsterartig auf der Erde hin und her laufen oder hüpfen. Den Lockton möchte Heuglin zumeist dem der Alpendohle vergleichen. Die Nahrung besteht in Früchten und Knospen; doch auch in Insecten aller Art, die gelegentlich im Fluge erhascht werden. Sie halten lange in der Gefangenschaft aus und werden sehr zutraulich. L. aeneus scheint über einen Theil der Regenzeit zu verstreichen.

Unsere frühere Annahme, dass der stahlbläuliche Ton, den manche nordöstliche Exemplare zeigen, zu specifischer Sonderung berechtige (L. Eytoni, Fras.), scheint dennoch eine irrthümliche zu sein und wir sind jetzt mit Heuglin darin einverstanden, dass es sich dabei schliesslich nur um individuelle oder locale Abweichung handle. Man findet in der That Exemplare, deren Färbung die Mitte hält zwischen den broncegrünen der Westküste und den mehr stahlbläulichen Kordofahn's.

Man findet diese Art in den meisten Sammlungen. Ein von Kordofahn stammendes stark stahlbläuliches Exemplar im Senckenb. Museum stimmt genau überein mit dem von uns untersuchten und gemessenen Typus von L. Eytoni. Am auffallendsten gelblichgrün erschienen die Metalltöne bei einem Exemplare von Bissao am Geba.

Syn. Merula viridis longicauda senegalensis, Briss. Orn. II. p. 313, t. 31, Fig. 1. — Turdus aeneus, Gm. L. I. 318. — Lath. Gen. Hist. V. 57. — Corvus aureoviridis, Sh. — Buff. Pl. enl. 220. — Turdus caudatus, St. Müller. — Le Vertdoré, Levaill. Ois. d'Afr. II. 146, pl. 87. — Sundev. krit. Framst. Le Vaill. p. 33. — Lamprotornis aenea, Temm. Man. Introd. p. IV. — Turdus aeneus, Vieill. Encycl. p. 675. — Juida aenea, Less. Tr. d'Orn. p. 407. — Juida aenea, Gray Handl. II. 23. — Hartl. Syst. Westafr. p. 115. — L. longicauda, Swains. Westafr. I. 148, pl. 7. — Urauges aeneus, Cab. Mus. Hein. I. 200. — Heugl. Orn. N. O. Afr. p. 509 (NB.!). — Lay. B. of S. Afr. p. 509. — Rüpp. N. Wirb. Abyss. p. 25. — Barb. du Bocage, Av. Possess. Portug. Afr. occ. 1. lista, p. 10. — L. Eytoni, Fras. Proceed. Z. S. 1856, p. 368. — Hartl. Cab. Journ. 1859, p. 9. (aen.) 10. (Eyt.). — Heugl. Syst. Uebers. p. 36. — Id. Cab. Journ. 1863, p. 22, 1864, p. 257, 1869, p. 1. — Brehm, Thierleb. III. p. 311.

2. L. purpuropterus, Rüpp.

Purpurascente-chalybaeus; capite chalceo nigricante; gula purius chalcea; nucha et interscapulio, tergo, uropygio et supracaudalibus violaceo-purpurascentibus, uropygio nitore pulcherrimo amethystino; cauda purpureo-violacea, conspicue fasciolata, rectricibus intermediis fuscescentibus; hypochondriis et abdomine obscure violascentibus, medio nitore nonnullo cupreo; subcaudalibus concoloribus; subalaribus virescente-chalybaeis; remigum 1. ord. pogoniis externis viridi-caerulescentibus, fasciolatis; tectricibus alarum remigibusque cubitalibus pulchre violaceis; rostro et pedibus nigris. Iris albido-flavescens.

Foem. Parum obsoletius tincta; minor.

Jun. av. Abdomine nigricante; coloribus omnino obsoletioribus, minus metallicis; gulae margine violascente cupreoque variegato.

Long. circa 35 cent.

Beschrieben nach Exemplaren der Bremer Sammlung. — Ein prachtvolles Exemplar aus Keren (Coll. Sharpe) ist obenher noch brillanter purpurviolett; auf den Flügeldecken ist der grünliche Schiller kaum zu bemerken; Bauchmitte mit intensiven Messingtönen; Bauchseiten, Bürzel und untere Schwanzdecken wieder violett; innere Flügeldecken prachtvoll stahlblau; Kopf circumscript messingbräunlich, ganz wie bei aeneus mit Purpursaum; kaum eine Spur von Sammtflecken auf den Flügeln.

Ex. v. Keren. Alt. Geschlecht? Die Amethysttöne sehr entwickelt. Die mittleren Steuerfedern etwas ins bräunliche. Sammtflecke der Flügel kaum bemerklich. (Esler: Coll. Sh.).

Ex. von Bejook. Geschlecht? Etwas kleiner. Der Gesammtton des Gefieders etwas bläulicher; innere Flügeldecken matt blaugrünlich. Von Sammtflecken nur Spuren. (Jesse: Coll. Sh.)

Ex. aus dem Lande der Bari-Neger: Bei diesem die

mittleren Steuerfedern glänzend violett. Iris schwarz. (Knoblecher: Coll. Sh.

Ex. aus Sennaar: Etwas mehr ins broncegrünliche. Deutliche Spuren von Sammtflecken. (*m.* ad. Brem. S.).

Ex. aus Ostafrika. Junges Weibchen. Untenher mehr bräunlich, mit Anfängen grünlicher und purpurbläulicher Metallfarben. Obenher beinahe ausgefärbt; die Kopffärbung weniger scharf abgesetzt; Flügel deutlich ins grünliche ziehend; Mittelrücken mit viel Purpurschiller; Steuerfedern amethystbläulich gewellt.

Rostr. a. Ex.	al.	caud.	tars.	
20 m.	17 c.	21 c.	30 m.	(*m.* ad. Keren)
19 m.	15 c.	18 c.	32 m.	(Keren)
19 m.	14 c.	16 c.	30 m.	(Bejook)
20 m.	15 c.	16 c.	30 m.	(Bariland)
20 m.	15 c. 6 m.	18 c.	30 m.	(Sennaar)
21 m.	13½ c.	—	35 m.	(Jünger. Ostafrika)

Bewohnt die Gebirge des nordöstlichen Abyssinien bis auf 6000 Fuss Meereshöhe, die westlichen Quola-Gebiete, Sennaar, Kordofan, Takah, die Ufer des Bahr-el-Abiad und seiner Zuflüsse. — Shoa.

Nach Heuglin ist diese Art sedentär. „Sie lebt in kleinen Gesellschaften mehr auf Hochbäumen als auf der Erde und im Gebüsch, kommt aber auch in Viehparke, auf Hecken und Strohdächer. Der Lockton ist ein volles, starkes Pfeifen. Die Nahrung besteht in Früchten aller Art, Insecten, Würmern; auch öfters auf Aas bemerkt, aber wohl nur, um Larven abzusuchen. Brütet im Juli und August in grossen Nestern auf Adansonien. Die Eier sind so gross wie die von Turdus merula und gefärbt wie die von L. chalybaeus."

Bei Antinori heisst es: Gemein in Bogos, Barka, Sennaar und Kordofan, auf bebauten Feldern, Wiesen, Mimosengebüsch. Lebt in Flügen von 8 bis 20 Individuen, oft gemeinschaftlich mit Notauges chrysogaster, ohne Unterlass lärmend und beweglich. Nistet im September. Eier grünblau, glatt und glänzend. Ihr grösserer Durchmesser ist 26½ Mill., ihr kleiner 20¼ Mill. Antinori nennt die Iris citronengelb.

Jesse sammelte diese Art nur bei Bejook und Waliko am Ansebeflusse. Ebenso Blanford. Im Ansebathale häufig zusammen mit L. chalybaeus und Not. chrysogaster.

Ein Exemplar aus Schoa im Senkenb. Museum zeigt den Schwanz breiter und mit eigenthümlich erzbraunem Farbentone. Dabei erstreckt sich die Erzfarbe des Scheitels tiefer in den Nacken hinab und die Schwingen und ihre Deckfedern zeigen deutlicher grünblauen Schiller (L. aeneocephala, Heugl.).

Syn. Lamprot. purpuroptera Rüpp. Syst. Uebers. p. 64, t. 25. — Juida purp. Gray. — Urauges purpur. Cab. M. Hein. I. 200. — L. aeneoides, Temm. — Juida aen. Bp. Consp. I. 415. — L. aeneus, Brehm, Habesh, p. 216. — J. aenea, Antin-Catal. p. 60. — Hartl. Cab. Journ. 1859, p. 11. — Heugl. Cab. Journ. 1867,

p. 294. — L. aeneocephalus, Heugl. Syst. Ueb. 355. — Ld. Cab. Journ. 1863, p. 22, 162; 1864, p. 267. — Id. L. porphyroptera, Orn. N. O. Afr. p. 511. (NB.)! — Finsch & Jesse, Transact. Z. S. VII. 258. — Blanf. Zool. Abyss. p. 397. — Antin. & Salvad. Viagg. Uccelli p. 127.

3. L. Mewesii, Sundev.

Obscure aeneo-nigricans, splendore purpurascente; tergo, uropygio, tectricibus caudae superioribus, et abdomine distinctius violaceis, nitore nonnullo cupreo; subcaudalibus violaceis; alis viridioribus; cauda valde gradata dorso concolore; maculis alaribus nullis, rostro et pedibus nigris. Iris fusca.
 Foem. Omnino magis virescens.
 Long. circa 30 cent.

 Die Farbe des alten Männchens ist ein düsteres bläuliches Broncegrün mit Purpurreflexen; Unterrücken, Bürzel und obere Schwanzdecken mehr violett mit messinggelblichem Schiller; die Ohrgegend ins violette ziehend; ebenso die Bauchseiten; Bauchmitte mehr bräunlich-olive; Zügel sammtschwarz; untere Schwanzdecken bräunlich mit undeutlichem Metallschiller; innere Flügeldeckfedern stahlbläulich gerandet; Schwingen 1. und 2. Ordnung schwarz mit schwachgrünlichem Schiller, an der Aussenfahne blaugrünlich gewellt, was jedoch an der vordersten kaum bemerklich; Sammtflecke auf den Flügeln nur angedeutet; Steuerfedern schmal; bläulich schwarz, unter gewissem Lichte gewellt und mit schwachem Purpurschiller; Schnabel und Füsse schwarz. (Damara).

 Ein zweites Exemplar, ebenfalls *m.* ad., zeigt die violetten Töne noch lebhafter und den bläulichgrünen Glanz der Schwingen noch deutlicher. (Damara).

 Ein drittes zieht dagegen etwas mehr ins Grüne. Die Messingtöne des violetten Bürzels fehlen; Bauch verwaschen graubräunlich, nach oben zu mehr ins violett-bläuliche (Damara). Vielleicht etwas jünger.

 Ganz ähnlich gefärbt ist ein Exemplar der Bremer Sammlung, von Wahlberg am Dougheflusse gesammelt, nur noch etwas matter.

Rostr. a. fr.	al.	caud.	tars.	
16 m.	15 c. 8 m.	24 c.	3 c. 3 m.	(*m.* ad. Damara)
17 m.	15 c. 8 m.	23 c.	3 c. 3 m.	(*m.* ad. Damara)
16 m.	14 c. 5 m.	21 c.	3 c. 2 m.	(*m.* Damara)
16 m.	14 c.	20 c.	3 c. 4 m.	(Dougefl.)
20 m.	150 m.	190 m.	39 m.	(*m.* Doughefl. Mus. Stockh.)
18 m.	139 m.	180 m.	36 m.	(*f.* Doughefl. Mus. Stockh.)

Die Beschreibung und Messung nach den prachtvollen Exemplaren in der Sammlung R. B. Sharpe's.

 Das Vaterland dieser mehr unansehnlich gefärbten Art ist das tropische Südafrika. Der durch jähen Tod der Wissenschaft entrissene schwedische Naturforscher Wahlberg entdeckte dieselbe an den Ufern des von Norden her in den Ngamisee einsrömenden Flusses Doughe oder Teoge. Anderson's Exemplare stammen von Ovaquenyama.

Der sehr zierliche Schnabel, die verhältnissmässig langen Flügel, sowie die sehr kräftigen und grossen Füsse zeichnen diese Art vor den nächstverwandten aus. Zudem ist sie durch das kaum merklich angedeutete Vorhandensein der sammtartigen Flügelflecken zu unterscheiden. Ueber die Lebensweise ist uns nichts Näheres bekannt. Hinsichtlich des Färbungssystems verhält sich L. Mewesii zu den congenerischen Arten, wie Lamprocolius melanogaster zu der Gruppe, welcher er angehört.

Syn. Juida Mewesii, Wahlb. Cab. Journ. f. Orn. 1857, p. 1. — Wahlb. Oefvers. k. V. Handl. 1856, p. 174. — Lamprotornis Mewesii, Hartl. Cab. Journ. 1859, p. 12. — Gurney, Birds of Dam. Land. p. 159.

4. L. purpureus, Boc.

Totus fusco-purpurascens, nitore amethystino; nucha et occipite chalceo-resplendentibus; tergo, uropygio, abdomine et supracaudalibus olivascentibus; subcaudalibus purpurascente-marginatis; subalaribus fuscescente et violascente variis; loris et margine frontali nigricantibus; tectricibus alarum minoribus dorso concoloribus; remigibus et rectricibus undulatis; primariis nigricantibus, caerulescente-indutis, apice obscure fuscescentibus, pogonio externo violaceo-purpurascentibus; rem. cubitalibus nitore olivascente-fusco; rectricibus intermediis totis pogoniisque externis reliquarum caerulescente-violaceis, undulatim fasciolatis; rostro et pedibus nigris (*m. ad.*) Iris fusca.

Long. circa 35 cent.

Die Färbung ist eine sehr eigenthümliche. Auch die messinggelb schillernden Bauchfedern erscheinen gewellt. Das beschriebene altausgefärbte Exemplar in der Sammlung R. B. Sharpe's wurde von Anchieta aus Capangombe in Mossamedes eingesandt. Ein zweites in der Bremer Sammlung, ebendaher stammend, zeigt die Amethysttöne weniger schön.

m. ad. Maconjo in Angola: Anchieta. Der Metallglanz des Gefieders prachtvoll entwickelt. Armschwingen an der Aussenfahne tiefbläulich, längs des Randes breit ins Violette ziehend, am Schaft mit kurzabgebrochener schwärzlicher Zahnung.

rostr. a fr.	al.	caud.	tors.	
18 m.	15 c. 3 m.	21 c.	3 c. 5 m.	(Capangombe)
16 m.	15 c. 3 m.	19 c.	3 c. 4 m.	(Capang.)
19 m.	15 c. 2 m.	24 c.	3 c. 7 m.	(Maconjo)
14 m.	16 c.	21 c.	4 c.	(Capang. Mus. Lissab.)

Es zählt diese ausgezeichnete, keine Verwechselung zulassende Art zu den zahlreichen Entdeckungen des portugiesischen Reisenden Jose Anchieta. Die Localitäten, wo er dieselbe erlangte, waren der Rio Chimbe bei Capangombe in Mossamedes und Quillengues. Zwei schöne Exemplare der Bremer Sammlung verdankt dieselbe

Herrn Barboza du Bocage, dem um die Zoologie Westafrika's hochverdienten Director des Zool. Museums in Lissabon. Lebensweise unbekannt. — Noch keine Abbildung. — Im Jugendkleide noch nicht gesammelt.
Syn. Lamprotornis purpureus, Barb. du Bocage, Journ. de Scienc. phys. e natur. Lisb. IV. 1869. Sec. lista, p. 11. — Finsch et Hartl. Orn. Ostafr. p. 382.

5. L. Burchelli, Smith.

Splendide chalybeo-virescens, maculis holosericeis alarum magnis, conspicuis, minus circumscriptis; macula magna ad capitis latera, tectricibus alarum min. et med., uropygio, abdomine et subcaudalibus nitide violascentibus; remigibus cubitalibus ultimis chalceo-fuscescentibus, anterioribus pogonio externo violaceis, viridi-marginatis; primariis nigricantibus; tectricibus alarum majoribus medio holosericeo-violaceis, margine externo lacerodecompositis, virescentibus; macula alari tectricibus cubitalibus formata cupreo-aurata; rectricibus mediis chalceo-fuscescentibus, lateralibus pogonio externo violaceis, interno nigro et caerulescente fasciolatis, rostro et pedibus nigris. Iris albida. (Mus. Brem.)

Foem. Viridior; maculis alarum holosericeis minus distinctis; remigibus viridius marginatis.

Long. 35—38 cent.

Ein Ex. von Transvaal. m. ad. Prachtvoll grünschillernd; ein nicht circumscriptes Nackenband purpurbläulich, ebenso der Bürzel; schon der Unterrücken stark in's Bläuliche ziehend; die oberen Schwanzdecken wieder mehr grünlich; Fleck am Oberarm messinggelb mit purpurvioletten Rändern; Kopfseiten breit und circumscript messingbräunlich, unten und oben mit blauviolett schillerndem Saum; Schwingen 1. Ordn. schwärzlich, die Basalhälfte der Aussenfahne blau mit feinem grünen Randsaum; Cubitalschwingen dunkelbläulich, die Aussenfahne schön blau mit franzenartigem, grünen Aussensaum und quergewellt, wie die Steuerfedern; innere Flügeldecken bläulich, nach Aussen grün; Unterseite grün, Bauch mehr blau und nach der Mitte zu schön purpurviolett; untere Schwanzdecken grünlich und bläulich gemischt; die beiden mittleren Steuerfedern purpur-violett quergebändert (bei den Ex. der Brem. S. stark in's broncebräunliche ziehend). Nur unbedeutende Spuren von Sammtflecken auf den Spitzen der kleinen Deckfedern. (Ayres. Coll. Sh.)

Ex. von Transvaal. m. ad. Ebenso gefärbt, nur das Blau im Nacken viel breiter. (Ayres. Coll. Sh.)

Ex. vom Ngamisee. Geschlecht? Nicht abweichend in der Färbung. (Coll. Sh. Chapman.)

Ex. von Natal. foem. Alle Farben weniger schön und glänzend. (Brem. Samml.)

rostr. a fr.	al.	caud.	tars.	
18 m.	19 c.	17 c.	42 m.	(Transvaal)
19 m.	17 c. 2 m.	17 c.	37 m.	(Transv.)
16 m.	17 c. 2 m.	18 c.	39 m.	(Ngamisee)
17 m.	16½ c.	17 c.	40 m.	(m. Natal)
18 m.	19 c.	18 c.	46 m.	(f. Natal)

Einer der schönsten Vögel des inneren Südafrika. Entdeckt von Dr. A. Smith unter dem 25° S. Br. Häufig auf dem Gebiete der Seen. In Damara, woher zahlreiche Exemplare nach Europa gelangten, wird die Art häufig um Schmelen's Hope, an den oberen Quellen des Swakop. Ayres und Arnot sammelten sie in Transvaal. — Nach J. Verreaux zieht L. Burchellii in der Regenzeit aus seinen östlichen Wohngebieten nach Kurrichaine zu. Lebt meist paarweise, öfters auch einzeln, auf höheren Bäumen, die er nur selten verlässt. Der Flug ist geräuschvoll. Delegorgue schreibt: „Nach Sonnenuntergang vernahm ich ein Concert von Vögeln, deren ungeduldiges und lebhaftes Pfeifen ich zum ersten Male hörte. Ein Gehölz von schlanken, hohen, sehr dichtstehenden und nur in den Gipfeln belaubten Mimosen diente den Sängern zum Zufluchtsort. Es war L. Burchelli." Die Nahrung besteht in Früchten. Zuweilen sieht man ihn auch auf dem Boden nach Insecten suchen. Anderson fand oft Sand in seinem Magen. Der scheue, lebhafte Vogel hält Körper und Schweif in steter Bewegung, letzteren bisweilen perpendiculär aufrichtend. Der Stimmlaut ist gewöhnlich heiser und krächzend. Das Nest ist sehr gross und steht auf hohen Bäumen. Die Zahl der hellgrünen Eier ist meistens fünf: J. Verreaux.

Eine Verwechselung dieser Art mit der nächstverwandten ist nicht möglich. Die ganz eigenthümliche Structur der Aussenfahne der grossen Deckfedern und einiger Cubitalschwingen wiederholt sich unter den Morionen bei Onychognathus. Die Flügel sind gross und sehr concav.

Syn. Megalopterus australis, A. Smith, Rep. of an Exped. p. 52. — Lamprotornis Burchelli, Id. Illustr. Z. S. Afr. pl. 47. — Juida australis, G. R. Gray. — Lay. B. of S. Afr. p. 170. — Uranges australis, Cab. Mus. Hein. I. 200. — Sclat. Strickl. B. of Dam. Jard. Contrib. Orn. 1852, p. 149. — Juida Burchellii, Bp. consp. I. 415. — Deleg. Voy. Afr. austr. II. p. 365. — Gurney et Anders. B. of Dam. p. 158. — Chapm. Tr. S. Afr. App. p. 403.

Genus Lamprocolius, Sundev.

Sundev. Syst. V. A. II. 1835. — W. Förs. till Fogelkl. Naturl. Uppst. (1872) p. 41.

Rostr. mediocre, capite brevius, emarginatum, rectiusculum, naribus in plurimis apertis.

Alae longiusculae, medium caudae attingentes vel superantes, subrotundatae.

Cauda aequalis vel rotundata vel subgradata, longiuscula vel mediocris; rectricibus apice rotundatis.

Pedes breviusculi, debiliores, unguibus magnis; digitus externus interno parum longior.

Ptilosis coloribus diversis metallice resplendens. Maculae holosericeae alarum in plurimis conspicuae.

17 sp.

Africa mer. occid. orient.

1. L. ignitus, (Licht.)

Pileo, collo superiore et laterali, interscapulio, scapularibus et tectricibus alarum minoribus metallice viridibus; dorso et remigum cubitalium pogoniis externis aureo-chalceis; tectricum majorum marginibus externis et apicibus nitide violaceo-rubentibus; his medio holosericeo-nigricantibus; tergo, uropygio, caudae holosericeae apice et macula magna regionis parotieae chalybaeo-caeruleis, hac subglaucescente, violascente-limbata; subtus chalceo-fuscescens, mento violascente variegato; crisso et subcaudalibus chalybeo-virescentibus; remigibus majoribus apice et margine aeneo-virescentibus; subalaribus obscure purpurascentibus; rostro et pedibus nigris. Iris alba: Weiss.

Foem. Minor; minus nitide tincta.

Long. circa 30 cent. — Foem. circa 25 cent.

Scheitel, Hinterhals, Mantel glänzend broncegrün, Nacken etwas mehr in's Bläuliche; Ohrgegend dunkel und circumscript blau, am untern Rande violett; Rücken olivengelblich mit Messingglanz; Bürzel schön violett; ebenso die obern Schwanzdecken; das Grün des Mantels geht nach dem Rande zu in's Blaue und am äussersten Saum in's Violette über; Schwingen 1. Ordn. schwärzlich, die Aussenfahne, Spitze und Rand der Innenfahne blau; Armschwingen sammtartig olive-messinggelb; kleine Deckfedern am Bug bläulich-grün, dann blau; die grossen goldig und violett wechselnd, mit breiter sammtartig schwarzer Mittelbinde; die breite Basalhälfte der Aussenfahne der Primärschwingen mit goldigem Schiller und Amethysttönen; Schwanz sammtschwarz, die seitlichen Steuerfedern nach der Spitze zu blauer; Unterseite olivegelblich mit Messingglanz; untere Schwanzdecken violett, bläulich gerandet; untere Flügeldecken olive; Bug und Flügelrand violett und blau gemischt; Schenkel violett und messinggelb schillernd.

Beim Weibchen ist nach Keulemans der Scheitel weniger blau. Unterseite dunkler. Flügelfedern nicht so tiefschwarz.

Diese Beschreibung nach einem prachtvollen Exemplare der Bremer Sammlung. Wir verglichen fünf andere in der Sammlung R. B. Sharpe's: Die Geschlechtsangabe fehlt leider bei Allen.

    a. Scheitel und Hinterhaupt sehr stark in's Blaue ziehend.
    b. Untere Schwanzdecken hochblau, mit schwachem violetten Schiller und grünlich schillernden Rändern.
    c. Untere Schwanzdecken blau mit grünlichen Rändern. Die-

ses Exemplar und das vorige zeigen Scheitel und Hals mehr grün und sind etwas kleiner. Wohl Weibchen.

rostr.	a fr.	al.	caud.	tars.	
21 m.	15 c.	3 m.	13 c.	29 m.	⎫
21 m.	15 c.	8 m.	14 c.	34 m.	⎪ Ilha do Principe: Dohrn.
20 m.	15 c.	1 m.	13 c.	32 m.	⎬
15 m.	14 c.	2 m.	12 c.	31 m.	⎪
17 m.	14 c.	2 m.	12 c. 8 m.	30 m.	⎭
21 m.	15 c.	5 m.	13 c.	30 m.	⎫ Brem. Samml.
21 m.	15 c	5 m.	12 c.	30 m.	⎭

Das drei Monate alte Junge hat nach Keuleman's die Grösse des alten Weibchens.

Einer der schönsten Vögel Afrika's. Es ist beinahe unmöglich, die unvergleichlichen Metallfarben desselben durch Beschreibung anschaulich zu machen. Alle diese Farben sind scharf von einander abgegrenzt. Schnabel und Füsse ungemein kräftig.

Das Vaterland dieser Art ist die Insel do Principe im Golf von Guinea, wo Weiss und Dohrn dieselbe sammelten. Nach Verreaux wäre L. ignitus von Gujon auf St. Thomé, von Fosse in Gabon angetroffen; aber diese Angaben bedürfen sehr der Bestätigung. Weiss läugnet das Vorkommen auf St. Thomé auf das entschiedenste. Das von Erman angeführte habitat „Senegal" ist positiv falsch. Im Pariser Museum befindet sich ein „Angola: Canivet" bezeichnetes Exemplar. Aber der Vogel ist von Anchieta und andern portugiesischen Reisenden in Angola nicht wieder gefunden worden.

H. Dohrn berichtet über L. ignitus wie folgt: Das Weibchen ist um 2 bis 3 Zoll kleiner als das Männchen und etwas weniger brillant gefärbt. Der Metallglanz im Gefieder des jungen Vogels zeigt sich zuerst auf den Spitzen der Rückenfedern; Brust und Bauch sind graubraun. Erst nach beinahe vollendeter Ausfärbung der Oberseite verändern sich die Federn auf Brust und Bauch und zwar zuerst an der Basis. L. ignitus lebt auf hohen Bäumen und ist auf den Hochgebieten des Innern der Insel nicht selten. Die Brutzeit soll in den Januar und Februar fallen; eine Angabe, die Dohrn, den jungen Vögeln nach zu urtheilen, die er erhielt, für richtig halten möchte.

In ähnlicher Weise äussert sich der Holländer J. G. Keulemans. Im Januar traf derselbe in den Gebirgswäldern der Westküste diesen Vogel so zahlreich, dass buchstäblich kein Baum ohne ein oder mehrere Individuen desselben war. Er konnte binnen weniger Stunden 30 Stück schiessen und hätte leicht die doppelte Anzahl erlangen können, wenn nicht noch anderes ihn beschäftigt hätte. Er brütet vom October bis Mai in Baumhöhlen. Die flüggen Jungen sind ganz graubraun. Der Stimmlaut des Männchens ist ein nicht unangenehmes Flöten von kurzer Dauer, das sehr an den Lockton unseres Pirol erinnert. Man hört diesen Gesang im Dunkel der Wälder früh Morgens oder um Sonnenuntergang. Gepaart singen sie wenig. L. ignitus ist sehr scheu und vorsichtig. Der Flug ist besonders geräuschvoll. Keulemans fing viele in Schlingen, besonders Junge. Sie ertrugen die Gefangenschaft gut. Ihre Nahrung besteht in Früchten und Insecten. Die Eingeborenen nennen den Vogel Toerninja (nach dem portug. Estorninha, Staar).

Syn. Lamprotornis ignita, Licht. Nordm. Erm. Atl. p. 7. t. 3. — Juida ignita, G. R. Gray. Gen. of B. pl 80. fig. opt. — Lamprocolius ignitus, Bp. Consp. 1. 415. — Hartl. Syst. O. Westafr. p. 116. — Id. Cab. Journ. 1859, p. 13. — Dohrn, Proceed. Z. S. 1866, p. 328. — Choucador, Levaill. Ois. d'Afr. pl. 86. — Sturnus ornatus, Daud Tr. 309. — Sundev. krit. Framst. p. 33. — L. Vigorsii, Blackw. Zool. Res. p. 19. — Juida ornata, G. R. Gray, Handl. II. p. 24. — J. G. Keulemans Tiydsk. Dierk. 1866, p. 384.

2. L. splendidus, (Vieill.)

Supra splendide viridis; fronte et loris holosericeo-nigris; scapularibus chalybaeo-caerulescentibus; maculis holosericeis alarum valde conspicuis; macula magna ad capitis latera aeruginoso-viridi alteraque regionis paroticae parva cupreo-aurata; remigibus cubitalibus fascia lata holosericeo-nigra notatis, apice toto et pogonio externo virescente-caeruleis, nitore violascente, interno nigris; primariis obscure viridibus, pogonio interno versus scapum nigricante; tectricibus alarum viridibus; tergo et uropygio aeruginoso-caerulescentibus; rectricibus holosericeo-nigris, nitore violascente, apice latius aeruginoso-viridibus; supracaudalibus virescentibus: subtus pulchre chalybeo-purpurascens, abdomine medio violascente-cupreo; subcaudalibus, cruribus et crisso aeruginoso-viridibus; subalaribus intense caeruleis, margine alari et axillis viridibus; rostro et pedibus nigricantibus. Iris alba. (*m. ad.*)

Long. 29—30 cent.

Foem. ad. coloribus non diversa, sed parum minor.

Die Beschreibung nach einem altausgefärbten Männchen vom Gambia in der Bremer Sammlung. Wir konnten davon zahlreiche andere von verschiedenen Lokalitäten der Westküste untersuchen.

L. splendidus zählt zu den schönsten Vögeln Afrika's. Er bildet mit L. Lessonii und ignitus eine kleine Gruppe, ausgezeichnet durch die Grösse, den längeren Schwanz, durch die Zusammenstellung der prachtvollsten Metallfarben und durch die Art der Federbildung, die stellenweise sammtartige Structur zeigt oder sehr kleine Schüppchen imitirt, wie dies z. B bei dem kupfergrünlichen Wangenfleck dieser Art der Fall ist.

Exemplare von Gabon zeigen constante Rassenmerkmale. Sie sind grösser und repräsentiren die höchst entwickelte Färbung. Der Scheitel wird nach dem Nackenrande zu scharf abgesetzt immer blauer; der Mittelrücken stark in's Blaue mit violettem Schiller; Armschwingen auf der Aussenfahne viel blauer, mit violetter Beimischung; Brust prachtvoll violett mit Goldglanz; Oberbauch breiter messinggelb schillernd, umgeben von violett und blau. (Ex. von Walker in der Samml. R. B. Sharpe's.)

Ex. von Gabon (Du Chaillu) genau so gefärbt.

Zwei Ex. vom Gambia (Gardner) etwas kleiner und etwas weniger glänzend.

Jüngerer Vogel. (Westafrika: Coll. Sharpe.) Obenher metallisch grün; Vorderkopf, Kopfseiten, Unterseite hellbraun, die einzelnen Federn etwas dunkler gerandet; auf dem Bauche erscheinen undeutlich bläuliche und grünliche Tinten, fleckenartig aufgesetzt; untere Schwanzdecken metallisch grün.

Aehnlich beschreibt Cassin einen jungen Vogel dieser Art vom Ogobai. „Untenher schwärzlich mit einzelnen grünen Metallfedern auf den Bauchseiten und untern Schwanzdecken; obenher schon prachtvoll grün."

rostr. a fr.	al.	caud.	tars.	
21 m.	15 c.	9 c. 6 m.	3 c.	(Alt. Gambia: Brem. S.)
22 m.	15½ c.	11½ c.	3 c.	(Alt. Gabon: Coll. Sharpe)

L. splendidus bewohnt die Westküste Afrika's vom Senegal bis Angola herab. Standorte sind z. B. Gambia: Brem. Samml. Gardner; Casamanse: J. Verreaux; Fernando Po: Fraser; Gabon (Camma, Muni, Ogobai): Du Chaillu, Walker; Congo: Perrein; Pembe: Monteiro; Ilha do Principe: Dohrn (hier jedoch sehr selten); Cameroons und Gabun: Reichenow.

Ueber die Lebensweise dieser Art fehlen genauere Nachrichten. Perrein und Fraser beobachteten das auffallend Geräuschvolle des Fluges (wie A. Smith und Delegorgue dies bei L. Burchelli hervorheben). In Angola, wo die Art um Bembe und noch mehr in der Nähe der Küste gemein ist, sieht man dieselbe meist in Flügen von 20—30 Stück. Der Stimmlaut ist ein helles staarartiges Pfeifen (Monteiro). „It caws like a crow", Fraser. Die Nahrung Beeren und Insecten: J. Verr. Reichenow fand diese Art öfters gemeinschaftlich in mehreren Paaren in Asthöhlen und Spechtlöchern kernfauler Bäume nisten, in Gesellschaft einiger Pärchen des Gymnobucco calvus und Eurystomus afer. Die 2—3 blauen Eier gleichen denen unseres Staars. Er nennt die Stimme kreischend, die Iris gelblichweiss. Nach der Brutzeit streichen diese Glanzstaare gesellig umher, bald hohe Baumkronen, bald niederes Gebüsch frequentirend.

Nach Untersuchung des alten von Canivet herstammenden Ex. der Pariser Sammlung, welches Buffon's „Merle vert d'Angola" zu Grunde liegt (Pl. enl. 561), glaube ich diese Art in demselben zu erkennen.

Syn. Turdus splendidus, Vieill. Enc. 653. — Merle vert d'Angola, Buff. Pl. enl. 561. — Turdus nitens var. Gm. — Lath. Gen. Hist. v. 56. — Turdus splendens, Leach. Zool. Misc. pl. 74. — Lamprotornis fulgida, Licht. Mus. Berol. — L. chrysonotis, Sw. W. Afr. I. 143, pl. 6. — Lamprocolius chrysotis, Bp. Consp. I. 415. — Verr. Rev. et Mag. Zool. 1851, p. 418. — Fras. Proc. Z. S. 1843, p. 52. — Juida luxuosa, Less. — Hartl. Syst. Orn. W. Afr. 117. — Cass. Proc. Acad. Philad. 1857, p. 36. — Hartl. Cab. Journ. 1859, p. 15. — Juida splendida, Gray, Handl. II.

p. 24. — Dohrn, Proceed. Z. S. 1866, p. 328. — Monteiro, Proc. Z. S. 1860, p. 112.

3. L. Lessonii, Pucher.

Totus fere splendide viridis, tergo, uropygio, supracaudalibus et collo antico nitore nonnullo violascente-caeruleo; loris holosericeo-nigris; macula poneoculari majore glaucescente-viridi alteraque minore parotica fulgide violaceo-purpurea; maculis holosericeis alarum valde conspicuis; axillis et scapularibus viridibus; subalaribus violascente-caeruleis, viridi-variis; fascia in remigibus 2. ord. et in rectricibus lata holosericeo-nigra; rectricum apicibus viridibus; tarsis corneo-nigricantibus; rostro nigro. Iris dilute flava.

Long. 28—29 cent.; rostr. a. fr. 21 m.; caud. 121 m.; tars. 31 m. (Pucheran.)

Es scheint diese von Pucheran nach dem einzigen Exemplare in der Pariser Sammlung sehr detaillirt beschriebene Art in der That von allen übrigen verschieden zu sein. Von dem nächstverwandten L. splendidus unterscheidet sie sich durch die vorherrschend grüne Färbung des Rückens und der Unterseite, durch die breitere Schwanzbinde, durch den brennend violetten Ohrfleck, durch abweichende Färbung der Schwingen zweiter Ordnung und durch etwas grössere Dimensionen. Der schwarze Theil der Steuerfedern ist wie bei L. splendidus oben und unten violettbläulich gesäumt. Der Aussenrand der Primärschwingen ist grün. Die sammtschwarze Binde der Schwingen 2. Ordn. nimmt von Innen nach Aussen rasch an Breite ab; die Spitzen dieser Federn sind grün und der noch übrige Theil derselben zeigt auf der Aussenfahne eine violettblaue Färbung. Kein Armfleck.

Von einer Verwechselung mit L. ignitus kann überhaupt gar keine Rede sein.

Ausser Notauges albicapillus ist diese Art die einzige von mir nicht selbst untersuchte der Gattung. Pucheran's Beschreibung lässt nichts zu wünschen über.

Das Vaterland dieser Art, welche das Pariser Museum von einem Naturalienhändler erstand, ist angeblich Fernando Po. Der Sammler hatte die Farbe der Iris angemerkt.

Syn. Juida Lessonii. Puch. Rev. et Mag. de Zool. 1858, p. 256—59. — Lamprocolius Lessonii, H. Cab. Journ. f. Orn. 1859, p. 15.

4. L. Defilippii, Salvad.

Supra aeneo-viridis, collo postico et uropygio nitore chalceo; scapularibus et interscapulio intensius aeneo-viridibus; loris holosericeo-nigris; capitis lateribus et gastraeo obscure aeneoviridibus, plumis basi nigricantibus; pectore et abdomine medio nitore nonnullo chalybaeo; subcaudalibus chalceo-micantibus; subalaribus nigricantibus, margine virescentibus; macula infraauriculari nitide violaceo-caerulea; remigibus obscure aeneo-virentibus, dimidio basali pogon. interni nigricante; remigibus 2. ord. pogonio interno fere totis nigricante-fumosis, fascia pogonii externi lata holosericeo-nigra notatis; parte apicali pog. ext. nitore chalybaeo, subfasciolato; alarum tectricibus obscure aeneo-viridibus; maculis alarum holosericeis conspicue nigris; rectricibus holosericeo-nigris, marginibus externis chalybeo-nitentibus, sub certa luce fasciolatis, parte apicali aeneo viridibus; extima tota viridi-aenea, omnibus margine lato interno nigricantibus; rostro nigricante-fusco, apice et mandibulae basi pallidioribus; pedibus corneo-nigris, unguibus pallidioribus.

Long. circa 23 cent. — rostro. a rict. 30 mill. — tars. 30 m. — caud. (rectr. med.) 9½ cent. — al. 13 cent. 2 m.

Wir hatten Gelegenheit, das typische Exemplar dieses angeblich aus Angola stammenden Vogels im Museum zu Turin selbst untersuchen zu können. Ueberdies wurde uns eine sehr ausfhürliche Originalbeschreibung desselben durch Dr. O. Finsch zur Verfügung gestellt. Das eigenthümlich verblichene und gleichsam unsicher gewordene Farbenbild dieses Exemplars machte auf uns den Eindruck, als sei dasselbe längere Zeit der Einwirkung von Weingeist oder starken Lichtes ausgesetzt gewesen. Nachweisen lässt sich das indessen nicht.

Die nächste Verwandtschaft scheint dieser Vogel mit L. splendidus und L. Lessonii zu besitzen, ist jedoch bedeutend kleiner als diese beiden und auch durch sehr bestimmte Färbungsunterschiede von beiden abweichend.

Syn. Lamprocolius Defilippii, Salvad. Atti della Soc. Italian. di sc. natur. vol. VIII. fasc. 4. p. 371—389. (1855) — Cab. Journ. f. Orn. 1868, p. 68. — Salvad. Descriz. di altre nuove specie di Uccelli, p. 9.

5. L. auratus, (Gm.)

Supra splendide aeneo-viridis; maculis alarum holosericeis, parvis, conspicuis; capite, collo et gastraeo totis pulchre chalybaeo-caeruleis, sub certa luce violaceo resplendentibus; pileo frontem versus, regione parotica, cruribus et subcaudalium marginibus violascentibus; scapularibus virescente-caeruleis; subalaribus caeruleis, viridi-variis; remigibus viridibus, pogonio interno late nigricante-marginatis, scapis omnium nigris; rectricibus intermediis fere totis purpureo-violascentibus, reliquis latius virescente-marginatis; plumulis frontalibus rostri basi incumbentibus, brevibus, coarctatis; rostro et pedibus nigris. Iris ex aurantiaco-rubra. Cauda breviuscula. Alae longae.

Foem. vix diversa.

Long. 25—27 cent.

Wir beschrieben ein Ex. der Bremer Sammlung vom Gambia. Bei einem prachtvollen Männchen von Fantee (Usher) schillert das Blau auf Scheitel, Kopfseiten und Kropfgegend stark violett. Nacken ziemlich circumscript blaugrün; Schenkel violett; untere

Schwanzdecken blau; Bürzel und obere Schwanzdecken glänzend blau; Zügel sammtschwarz; die längern Innerflügeldeckfedern blau, in's violette, die kürzern längs des Randes heller blau mit dunkler Beimischung; Bauch blau mit violettem Anflug; kleine Flügeldeckfedern mit hellblauer Längsbinde; Armschwingen mit kleinem sammtschwarzen Spitzenfleck; Handschwingen grün, die Innenfahne breit schwärzlich gerandet; mittlere Steuerfedern schön violett, die übrigen mehr bläulich, die äussersten am Aussenrande grün. (Coll. Sharpe.)

Exemplare vom Voltaflusse und solche vom Gambia zeigen keine Verschiedenheit.

Jüngeres Ex. vom Volta: Sehr interessante Färbung. Von Violett keine Spur; das Blau des abdomen und des Kopfes steht auf schwärzlichem Grunde, erscheint also fleckig; ebenso das Grün der oberen Partien, welches eine bräunliche Basis der Federn durchblicken lässt; Bürzel blau; Schnabel und Füsse schwarz. (Coll. Sharpe.)

Noch jünger: Kopf und Unterseite mittelbraun mit einem Paar vereinzelten Glanzfedern; Rücken mit bläulichen und grünlichen Glanzflecken; Schwanz schon ziemlich ausgefärbt, die Mittelfedern deutlich violett; die blauen Längsflecken auf den kleinen Flügeldeckfedern deutlich erkennbar; Flügel spangrün; Bürzel und Schenkel hellbraun; untere Schwanzdecken braun mit stahlblauen Federn untermischt. (Brem. Samml.)

Es verdient Beachtung, dass der viel jüngere Vogel die mittleren Steuerfedern schon violett zeigt, während diese bei dem älteren nur blau sind.

Die nordöstliche Form dieser Art, mindestens als conspecies anzusehen, ist Heuglin's L. auratus orientalis, constant abweichend von der westlichen durch den entschieden violetten Ton des blauen auf Kopf, Hals und Unterseite, durch den stärkeren Schnabel und den etwas längeren Schwanz.

rostr. a fr.	al.	caud.	tars.	
18 m.	15 c.	13 c.	31 m.	(Alt. Gabon)
18 m.	15 c.	13 c. 2 m.	31 m.	(Alt. Gabon)
17 m.	14 c. 5 m.	11 c.	30 m.	(Alt. Gambia)
19 m.	16 c.	11 c. 6 m.	30 m.	(Alt. Gambia)
16 m.	13 c. 6 m.	10 c. 2 m.	27 m.	(Jung. Gambia)
23 m.	14 c. 6 m.	10 c. 5 m.	36 m.	(N. O. Afr. Heugl.)
18 m.	13 c. 6 m.	10 c.	31 m.	(f. N. O. Afr.)

Die Verbreitung dieser Art auf der Westküste erstreckt sich vom Senegal bis Gabon. Standorte sind z. B. Senegal: Erm.; Bissao: Beaudouin; Gambia: Mus. Brem.; Ashantee: Pel; Accra: Usher; Voltafl.: Usher; Aquapim.: Riis; Gabon: Walker, Du Chaillu; Fernando Po: Thomps.

Die östliche Rasse traf Heuglin im Gebiet des Gazellenflusses bis zum Kosanga; auch im Innern der Kidji-Länder.

Die Angabe Levaillant's vom Vorkommen dieser Art im Namaqualande Südafrika's halten wir mit Sundevall für gänzlich falsch. Layard, der Exemplare aus Kuruman und Damaraland erhalten haben wollte, erklärte später, dass er den Vogel wohl mit L. phoenicopterus verwechselt habe, was denn freilich schwer zu begreifen.

Von der Lebensweise wissen wir nicht viel. Die nordöstliche Form lebt gesellig auf Hochbäumen, ist dabei scheu, lebhaft und lärmend (Heuglin). Usher beobachtete grosse Schaaren dieses Vogels auf den Ebenen um Accra, namentlich zu Zeiten, wo es gewisse Beeren und Saamen hat, die er liebt. Er ist auch dort sehr scheu, lärmend und hat in seinem Benehmen viel von unserem Staare. Auch sein Flug erinnert daran. Usher nennt die Iris glänzend gelb mit schwarzer Pupille.

Häufig in den zoolog. Gärten Europa's.

Syn. Merle violet de Juida, Buff. Pl. enl. 540. — Id. Hist. nat. des Ois. III. 373. — Turdus auratus, Gm. L. p. 819. — Lath. Gen. Hist. V. 59. — Id. I. Orn. I. 347. — Edw. ic. 320. — Le Conigniop, Levaill. Ois. d'Afr. pl. 90. — Id. Edit. oct. II. 285. — Sundev. krit. Framst. p. 35 (NB!). — Lamprotornis lucida, v. Nordm. Erm. Atl. t. 3, fig. 2. — L. ptilorhynchus, Swains. West. Afr. I. 140. — Allen & Thomps. Nig. Exped. II. 221. — Lamprocolius ptilorh. Bp. Consp. I. 415. — Juida aurata, S. R. Gray, Handl. II. 24. — Hartl. West. Afr. p. 117. — Id. Cab. Journ. 1859, p. 16. — Sharpe, Ibis 1870, p. 483. — Thienem. Eier t. XXXVIII. fig. 10. a. b.

Var. orient. Lamprotornis amethystina, Heugl. Cab. Journ. 1863, p. 20; 1864, p. 257. — L. auratus orientalis, Id. Cab. Journ. 1869, p. 7. — Id. Orn. N. O. Afr. p. 516.

6. L. chalcurus, v. Nordm.

Splendide aeneo-viridis; tectricibus caudae superioribus, uropygio et scapularibus chalybeo-caerulescentibus; macula majuscula parotica colliqe lateribus ex parte violascente-caeruleis; abdomine caerulescente, hypochondriis pulchre violaceis; subcaudalibus viridibus; subalaribus violaceis: maculis holosericeis alarum distinctis, minoribus; remigibus aeneo-viridibus, pogonio interno latius fusco-marginato, cubitalibus totis viridibus; cauda medio et basi purpurascente-violacea, lateraliter et apice virescente; rostro et pedibus nigris. Alae longae; cauda breviuscula; rostrum gracile.

Foem. Minus nitide tincta; uropygio minus caerulescente; hypochondriis violaceo-lavatis.

Long. circa 23 c.

Beide Geschlechter dieser Art zieren in schönen Exemplaren die Bremer Sammlung. Die Schwanzfärbung ganz wie bei L. auratus. Die seitlichen Steuerfedern zeigen kein Violett in der Färbung. Die Bürzelfedern blau, nach der Spitze zu grün; die Armschwingen zeigen an der Spitze die deutliche Spur eines Sammtflecks. Das feurige Violett der Bauchseiten erscheint beim Weibchen viel matter; Schäfte der Schwungfedern schwarz.

rost. a fr.	al.	caud.	tars.	
20 m.	15 c.	8 c.	32 m.	(*m*. ad. Gambia)
17 m.	13 c. 5 m.	8½ c.	31 m.	(*f*. Bongo)
17 m.	14 c. 5 m.	7 c. 3 m.	33 m.	(*f*. Gambia)

Ich sah bisher von dieser Art nur senegambische Exemplare (Gambia, Senegal, Casamanse, Bissao u. s. w.) und muss demnach die Verbreitung derselben auf der Westküste für eine sehr beschränkte halten. Aber Heuglin erlangte im November 1863 ein Weibchen in Bongo. Die sehr characteristische Schwanzfärbung ist ganz wie bei L. auratus. Die beiden seitlichen Steuerfedern tragen kaum eine Spur von violetter Färbung. Die Schwingen 1. und 2. Ordn. zeigen eine sammtartig schwarze Umrandung ihrer Spitze. Der blaue Ohrfleck ist nach oben und hinten scharf begränzt, schattirt sich aber nach unten hin längs der Halsseiten ab.

Der unglückliche Irrthum Pucheran's, L. chalcurus sei als gleichartig zu betrachten mit L. chalybaeus, erklärt sich nur daraus, dass derselbe die letzere Art niemals gesehen haben kann. Die Schwanzfärbung unterscheidet beide Arten auf den ersten Blick und es ist wenig mehr als leeres Geschwätz, wenn Pucheran das Purpurviolett der Schwanzmitte als „reflets bleus, essentiellement fugaces de leur nature" bezeichnet. Die Metallfarben der Glanzstaare sind keineswegs flüchtiger Art und der grüne Schwanz des L. chalybaeus wird weder durch Alter noch durch die andauerndste Lichteinwirkung jemals purpurviolett — noch der purpurviolette von L. chalcurus jemals grün werden.

Von der Lebensweise dieser schönen Art wissen wir nichts.

Syn. Lamprotornis chalcurus, v. Nordm. Erm. Atl. p. 8. — Lampr. cyanotis, Swains. B. West. Afr. I. 146. — Lamprocolius cyanotis, Bp. Consp. I. 415. — L. chalcurus, Cab. Mus. Hein. I. 199. — Pucher. Rev. zool. 1858, p. 252. — Hartl. Orn. Westafr. p. 118. — Id. Cab. Journ. 1859, p. 17. — Heugl. Cab. Journ. 1869, p. 5. — Id. Orn. N. O. Afr. p. 513.

7. L. porphyrurus, Hartl.

Minor. Supra nitide aeneo-viridis, nitore nonnullo chalybeo; tergo, uropygio et supracaudalibus cyaneo-chalybaeis; area poneoculari satis circumscripta per colli latera decurrente intense cyanea; jugulo distincte cyanescente; alis viridibus, maculis holosericeis nigris; gula, pectore et epigastrio cyanescente-viridibus; abdomine purpurascente-chalybeo; cruribus et subalaribus aeruginoso-viridibus; subalaribus longioribus cyaneis, brevibus marginalibus aeruginosis; rectricibus mediis ab apice versus basin magis magisque violascentibus, sub certa luce fasciolatis; reliquis cyanescentibus, pogonio externo magis virentibus; remigibus primariis nigricantibus, pogonii externi parte apicali viridescente;

cubitalibus dorso concoloribus; scapularibus conspicue cyanescentibus; rostro et pedibus nigris. Iris scarlatina. Long. tot. circa 20 cent.

Die Beschreibung nach einem Exemplar der Bremer Sammlung. Vier andere konnten wir in der Sammlung R. B. Sharpe's untersuchen. Sie zeigen sämmtlich nur sehr geringe Abweichungen im Colorit. Bei einem Exemplare von Accra (Haynes) zieht das Grün der Schwungfedern 1. Ordn. sich verschmälernd auf der Innenfahne hoch am Schafte hinauf.

Bei einem Ex. vom Voltafluss erscheinen die inneren Flügeldecken zum Theil deutlich violett.

rostr. a fr.	al.	caud.	tars.
19 m.	13 c.	7 c. 5 m.	26 m. (*m.* ad. Voltafl.)
18 m.	13 c.	7 c. 8 m.	28 m. (ad. Accra)
20 m.	13 c.	7 c. 6 m.	27 m. (Voltafl.)
19 m.	12 c. 5 m.	8 c. 7 m.	27 m. (Voltafl.)

Es wurde diese schöne Art, die keine Verwechselung mit congenerischen zulässt, von dem englischen Reisenden H. T. Usher auf der Goldküste entdeckt. Am Voltaflusse scheint sie gemein zu sein. Aber auch in Fantee und auf dem Gebiete von Accra. Vermuthlich war es diese Art und nicht L. chalcurus, welche Reichenow bei Accra in Schaaren auf freiem mit niedrigem Gebüsch bestandenem Terrain antraf, von welcher aber nur ein noch nicht völlig ausgefärbtes Exemplar gesammelt werden konnte. Sie schienen auf der Wanderung begriffen. Beim jungen Vogel war die Iris grau.

Syn. Lamprocolius porphyrurus, Hartl. Ush. Orn. of the Goldcoast. Ibis 1874, p. 66. — „L. nitens" Sharpe, Ibis 1870, p. 483. — ? „L. chalcurus" Reichen. in litt.

8. L. chalybaeus, (Ehrb.)

Obscure aeneo-viridis, regione parotica plus minus caerulescente; alis maculis holosericeis nigris; uropygio caerulescente; cauda tota viridi; abdomine medio, hypochondriis et cruribus nitide caeruleis, his violascentibus; subalaribus violaceo-caeruleis; macula scapulari splendide caerulea, ex parte violacea; subcaudalibus viridibus; remigibus aeneo-viridibus; rostro et pedibus robustis nigris. Iris aurantiaca. (Mus. Br.)

Foem. Minor. Minus nitide tincta; regione parotica vix caerulescente; uropygio et abdomine minus caerulescentibus. Long. 25—28 cent.

Ex. von Maragaz (*m.* Jesse). Sehr schön ausgefärbt; das Blau der Unterschwanzdecken und auf dem abdomen schillert in's Violette; Kopf und Halsseiten stark in's Blaue ziehend; die mittleren Steuerfedern mit blauem Schiller; die inneren Flügeldeckfedern hochblau, am Innenrande in's Spangrüne ziehend.

Ex. von Gabon (?) (Brem. S.) Nur schwache Spuren von

Sammtflecken der Flügel; die ganze Färbung etwas matter; Flügeldecken, Schwanz und Bauchseiten mit bläulichem Anflug.

Ex. von Sennaar. (Alt. Brem. S.) Das Blau auf dem Bauch zieht stark in's Violette.

Ex. von Abyssinien. (*m.* ad. Brem. S.) Grosse Varietät. Ohrgegend dunkelbroncegrün, mit kaum merklichem Stahlschimmer; die Halsseiten blauer. Die Sammtflecken der Flügel sehr entwickelt.

Ex. von Senafé. (Coll. Sharpe.) Im Farbenwechsel begriffen. Kopf und Unterkörper dunkelbraun; hie und da erscheinen blaue oder blaugrünliche Metallflecken; kleinere Flügeldecken sehr in's Blaue ziehend; das Spangrün der Flügel zieht ebenfalls stark in's Bläuliche.

Junger Vogel. (Brem. S.) Untenher dunkelbraun, mit grünen Metallfedern eingestreut; Schwingen und Steuerfedern zum Theil braun. Iris umberbraun.

In der Stuttgarter Sammlung steht ein Exemplar dieses Vogels von Kidj, welches in Folge äusserer Einflüsse den Rücken und die Unterseite zum Theil kupferbraun gefärbt zeigt.

rostr. a fr.	al.	caud.	tars.	
17 m.	13 c. 8 m.	9 c. 5 m.	2 c. 8 m.	(Alt. Maragaz)
18 m.	14 c.	8 c. 8 m.	3 c. 2 m.	(Senafé. Alt.)
18 m.	12 c. 2 m.	7 c. 3 m.	2 c. 9 m.	(Gabon? Br. S.)
18 m.	14 c. 5 m.	9 c. 6 m.	3 c.	(Abyssin. Br. S.)
20 m.	14 c. 2 m.	93 m.	31 m.	(Senegal. Alt.)

Es konnte eine sehr grosse Anzahl von Exemplaren untersucht werden. Der von uns begangene aber, wie noch kürzlich Blanford hervorhebt, verzeihliche Irrthum, die grössere Rasse dieses Vogels als eigene Art abzutrennen, ist durch Jesse, Blanford, Heuglin und Andere gründlich wiederlegt worden. Zu den Eigenthümlichkeiten von L. chalybaeus gehört aber die, dass diese Art auffallende individuelle Grössenverschiedenheit zeigt. Sie unterscheidet sich von dem nächstverwandten L. chloropterus durch die bedeutendere Grösse, durch das umfangreichere und namentlich nach unten zu mehr ausfliessende Blau der Ohrgegend, durch die viel kräftigeren Beine und Füsse, durch den bläulichen Unterrücken und auch durch die in der Regel lebhaftere und glänzendere Färbung der Seiten und der Bauchmitte. Eine Verwechselung mit L nitens L., wie wir sie z. B. bei Rüppell und Antinori finden, ist allerdings erklärlich; aber Brisson erwähnt, wie schon gesagt, der blauen Färbung auf Kopf und Halsseiten mit keiner Sylbe, und eine sorgfältige Vergleichung ausgefärbter Exemplare von L abyssinicus mit der Beschreibung der Merle vert d'Angola Brisson's ergiebt noch andere Verschiedenheiten, ganz abgesehen von der Unwahrscheinlichkeit, dass sich die Verbreitung unserer abyssinischen Art bisAng ola erstrecken sollte.

In Nordostafrika zählt dieser Glanzstaar zu den häufigsten und weitest verbreiteten Arten seiner Gattung. Nach Heuglin reicht seine Nordgränze im Nilgebiet und in der Bischarinsteppe etwa bis zum 20° N. Br. „Er kommt aber auch an der Samharküste, in ganz Abyssinien, hier bis zu 8000—9000 Fuss Meereshöhe, in den Gallaländern, in Sennaar und Kordofahn vor." Auf der Westküste erscheint uns sein Vorkommen nur für Senegambien ein ziemlich gesichertes. (Galam: Mus. Ber. — Senegal: Mus. Brem.)

Heuglin schildert seine Lebensweise: „Lebt paarweise und in kleinen zerstreuten Gesellschaften als Standvogel, sowohl in der Steppe als in der Waldregion und auf Viehweiden; weniger häufig im Culturland und um Niederlassungen, die er nur gelegentlich, namentlich zur Zeit der Reife von Feigen, Datteln und Cordien, besucht. Im Herbst rotten sich die Alten mit den Jungen zusammen und streifen lärmend weiter im Lande umher. Die Brutzeit fällt in die Monate Juli bis September. Oft stehen 6—8 Nester auf einem und demselben Baum, gewöhnlich auf isolirt stehenden Adansonien, Zizyphus, Balanites oder Akazien. Die Höhe der Niststelle beträgt 10—30 Fuss. Oft werden die aus grobem, dürrem schwarzen Reisig erbauten sehr grossen Nester zu mehreren Bruten benutzt. Sie stehen auf Astgabeln, oft hart am Stamm, meist aber auf schwächeren Zweigen. Die Nisthöhle ist dagegen von geringem Umfang, tief und mit feinem trockenen Gras, Federn, Wolle u. s. w. sauber ausgefüttert. Immer nur drei Eier. Diese sind feinschaalig, oval, 11—12''' lang, bläulich-grün, mit einzelnen blaugrauen und violettbraunen Flecken und Punkten. Der Lockton ist ein gellendes, helles Pfeifen."

Blanford nennt den Flug und das Benehmen dieses Glanzstaars durchaus staarenartig. Er nennt, wie auch Heuglin, die Iris goldgelb. Bei der grösseren Rasse sei sie mehr orangegelb gewesen. Am Anseba flusse wurden beide Rassen angetroffen. In den Flüssen oder in Senafé fehlte L. chalybaeus im Januar, Februar und März gänzlich, wurde aber im Mai daselbst sehr gemein. Jesse begegnete diesem Vogel nur in den Flüssen und auf dem Hochlande, wo sich derselbe im April paarweise, später, von Mai bis August, in Flügen herumtrieb.

In Bogos, Bedjuc und Burka nach Antinori sehr gemein. Zur Zeit der Reife von Holcus sorghum richten Schaaren dieses Glanzstaars in den Pflanzungen grossen Schaden an. Die Eingeborenen vertilgen dann Massen derselben. Die individuelle Verschiedenheit in der Grösse ist auch dort höchst merkwürdig.

A. Brehm berichtet, diese Art habe sich in der Volière des Berliner Aquariums fortgepflanzt und Junge erzielt, die darum besonders interessant, weil ihr Jugendkleid dem der Alten (bis auf etwas geringerem Schimmer) vollständig gleiche, auch ohne Mauser durch Verfärbung in das der Alten übergehe.

Syn. Lamprotornis chalybaea, Ehrb. Symb. Phys. Av. dec. I. t. 10. — L. nitens, Rüpp. S. Ueb. p. 75. — Id. N. Wirb. Abyss. Vög. t. 10. av. jun. — L. chalybaeus et nitens, Rüpp. Syst. Uebers. p. 36. — Lamprocolius chalybaeus, Id. Faun. Roth. M. No. 146. — Id. Cab. Journ. 1863, p. 22; 1869, p. 5. — Id. Orn. N. O. Afr. p. 514. (NB!) — Hartl. Cab. Journ. 1859, p. 21.

— Brehm, Habesch, p. 327. — Id. Thierl. III. p. 307. — L. abyssinicus, Hartl. l. c. — L. nitens, Antin. Catal. p. 61. — Pucher. Rev. et Mag. Zool. p. 256 u. s. w. — König-Warth. Neott. Stud. No. 52. — Blanf. Zool. Geol. Abyss. p. 395. — Jesse & Finsch, Transact. Zool. Soc. VII. p. 259. — Juida chalybaca, G. R. Gray, Handl. II. p. 24. — L. aurata (part.) Lefeb. Abyss. Ois. p. 106. — L. cyaniventris, Blyth, Journ. Asiat. Soc. of Beng. 1855, p. 255. — A. Brehm, Cab. Journ. 1872, p. 75. — Antin. & Salvad. Viagg. Ucc. p. 126.

9. L. chloropterus, Sw.

Minor; aeneo-viridis; macula parotica valde circumscripta nitide coerulea; alis maculis holosericeo-nigris majoribus ornatis; loris holosericeo-nigris; cauda, uropygio et supracaudalibus totis dorso concoloribus, viridibus; ventre medio et hypochondriis pulchre chalybaeo-caeruleis, his in nonnullis subviolascentibus; macula cubitali caerulea, ex parte violaceo-resplendente; subcaudalibus viridibus; remigibus aeneo-viridibus; cruribus virescentibus; rostro et pedibus nigris. Iris igneo-flava.

Foem. Statura et coloribus vix diversa.

Jun. av. Gastraeo toto griseo-fuscescente, macula auris nigro-fusca; ala non maculata; colore notaei minus lucido. (Sund.)

Long. circa 21 cent.

Es konnten zahlreiche Exemplare dieser Art von West- wie von Nordostafrika untersucht werden.

Ex. von Keren. (*m.* Esler Coll. Sh.) Sehr schön. Der Ohrfleck prachtvoll blau und scharf umgränzt; der Armfleck schön blau und violett glänzend (die violetten Federn sind wie blaugerandet); Bauchseiten schön blau mit violettem Schiller; Schenkel blau; untere Schwanzdecken grün; innere Flügeldecken blau, der innere Flügelrand mehr spangrün; ausser den gewöhnlichen Flügelflecken tragen auch noch die Armschwingen ein sammtschwarzes Endfleckchen; die Bürzel- und Schulterfedern zeigen einen schwachen Schiller in's Bläuliche; die Schwingen sind genau so gefärbt wie bei L. porphyrurus; der Schwanz ist rein grün.

Ex. vom Senegal. (Verr.) Nicht so brillant. Der blaue Ohrfleck matter und weniger circumscript. Das Metallgrün der Schwingen schwach entwickelt. Von Violett im ganzen Gefieder keine Spur. (Coll. Sharpe.)

Ex. von Keren. (Coll. Sh.). Klein. Weniger glänzend. Kein Violett. Ohrfleck nur angedeutet. Die 2 ersten Schwingen verblichen hellbraun, ebenso einige Armschwingen; die andern mit grünem Metallglanz.

Junger Vogel. (Sennaar.) Auf Kopf und Unterseite unrein hellbraun, mit einzelnen grünen Metallfedern gemischt; Unterrücken und Bürzel rein braun; auch obenher braun und metallgrün-fleckig.

rostr. a fr.	al.	caud.	tars.
16 m.	12 c.	7 c. 6 m.	23 m. (Keren: *m.* ad.)
17 m.	13 c.	7 c. 8 m.	24 m. (Keren)
18 m.	13 c.	7 c. 8 m.	28 m. (Senegal: ad.)
15 m.	11 c.	7 c.	28 m. (Keren: Jun.)
16 m.	12 c.	7 c. 4 m.	25 m. (Gabon: Ad.)
17 m.	11 c. 5 m.	6 c. 5 m.	26 m. (Gabon: *m.* ad.)

Auf der Westküste Afrika's erstreckt sich die Verbreitung dieser Art vom Senegal bis über den Aequator hinaus. Standorte sind z. B. Gambia: Swains.; Senegal: J. Verr.; Casamanse: Baudouin, Payès; Gabon: Verr. Fundorte in N. O. Afrika sind: Sennaar: Hedenborg, Antinori; Abyssinien: Rüppell; Quamamil: Herz. Paul v. Württemb.; Djur und Kosanga: Heuglin.

Eine Verwechselung mit L. chalybaeus ist eigentlich kaum möglich. Die geringe Grösse, die zierlichen Füsse, der rein erzgrüne Farbenton der Oberseite, namentlich des Unterrückens, der kleine, circumscripte hochblaue Ohrfleck, das Alles kennzeichnet L. chloropterus auf den ersten Blick. Westliche Exemplare scheinen etwas grösser zu sein.

Heuglin erlangte diese Art zwischen dem obern Gazellenfluss und dem Kosanga in Centralafrika, wo sie gesellig auf Hochbäumen im Urwalde staarenartig und lärmend umherstreift. Oft trifft man sie auch auf niedrigem Buschwerk oder auf dem Boden. Sie klettert gut und pickt ganz schwarzamselartig an Früchten. Beeren und Sycomoren bilden die Hauptnahrung. Ist wahrscheinlich Standvogel. — Singt etwas: A. Brehm.

Syn. Lamprotornis chloropterus, Sw. Menag. p. 359. — Lamprocolius chloropterus, Bp. Consp. I. 416. — Hartl. West Afr. 118. — L. nitens, A. Brehm (part.) — L. cyanogenys, Sundev. Kongl. Vet. Ac. Förh. 1850, p. 127. — Pucher. Rev. Zool. 1858, p. 254 etc. — Hartl. Cab. Journ. 1859, p. 20. Heugl. Cab. Journ. 1864. p. 257. — Jd. ib. 1869, p. 4. — Jd. Faun. Roth. M. No. 147. — Jd. Orn. N. O. Afr. p. 512. — Antin. Cat. descr. p. 61. — A. Brehm, Cab. Journ. 1873, p. 80.

10. L. nitens, (L.)

Splendide aeneo-viridis; tectricibus alarum nonnullis minoribus maculam chalybeo-violaceam formantibus; maculis alarum holosericeis parvis, sed bene conspicuis; subalaribus extus et apice violaceo-chalybaeo-tinctis; cauda subgradata; rostro et pedibus nigris. (Briss.)

Long. tot. circa 8″ 10‴; rostr. a rict. 11½‴; caud. 2″ 11‴. (Briss.)

Angola: De Castelan.

Wir schliessen uns hinsichtlich der Deutung dieser vielfach discutirten Art der Ansicht Pucheran's an. Derselbe entdeckte nämlich in der Pariser Sammlung ein Exemplar von offenbar sehr altem Datum, in welchem er den Typus von Brisson's Merle vert d'Angola gefunden zu haben glaubt. Dasselbe ist ganz metallischgrün, oben- wie untenher; nur lassen sich unter einer gewissen Beleuchtung schwache violette Reflexe auf den Kopfseiten unterhalb der Ohrgegend unterscheiden; deutlich sind die kleinen Sammtflecke der Flügel vorhanden. Ebenso der purpurviolette Armfleck.

Dass dieses Individuum das von Brisson beschriebene sei, ist nun in der That sehr möglich, ja sogar wahrscheinlich. Den nur unter einem gewissen Lichte bemerkbaren schwachvioletten Schiller auf den Kopfseiten konnte die Beschreibung unbeachtet gelassen haben. Im Uebrigen aber ist die Uebereinstimmung eine ziemlich befriedigende. Die kleine Differenz in den Maassen kann auf individueller Verschiedenheit beruhen. Sehr merkwürdig bleibt es, dass unter den neuerdings zahlreich von Angola eingetroffenen Sammlungen bis jetzt kein mit dem Turdus nitens L. sicher zu identificirender Vogel bekannt geworden ist.

J. Verreaux glaubt, L. nitens von Gabon erhalten zu haben. Aber wir haben Grund, in alle nicht von uns selbst constatirten Bestimmungen von Vögeln dieser Gruppe Misstrauen zu setzen. Zunächst bleibt Brisson's „Merle vert d'Angola" für uns weiteren Nachforschens bedürftig. Vollständig befriedigend ist auch Pucheran's Deutung nicht.

Syn. Merula viridis angolensis, (Merle vert d'Angola), Briss. Orn. II. p. 311, pl. 30, fig. 2. — Id. Edit. oct. I. 244. — Turdus nitens, L. S. N. I. p. 294. — Juida nitens, Pucher. Rev. et Mag. Zool. 1858, 247. (descript. specim. Mus Par.) — Lamprocolius nitens, Hartl. Syst. Orn. Westafr. p. 247. — Id. Cab. Journ. 1859, p. 19.

11. L. acuticaudus, Barb.

Splendide aeneo-viridis, nitore nonnullo chalceo; macula regionis paroticae circumscripta subvirescente-caerulea; alis duabus seriebus macularum holosericeo-nigrarum, parvarum; loris nigris; remigibus 1 et 2 fulvescentibus, pogonio interno pallidioribus et marginem internum versus albidis, sequentibus apice et pogonio externo aeneo-viridibus, interno cinerascente; cubitalibus totis viridibus; macula alari tectricibus parvis cubitalibus formata purpureo-violacea, caeruleo circumdata; rectricibus viridibus, lateralibus margine interno nigricantibus, hypochondriis et tectricibus remigum primariarum nonnihil chalybeo-caerulescentibus; rostro conspicue arcuato, gracili nigro; pedibus nigricantibus. Cauda gradata. Iris aurantiaca.

Long. circa 25 cent.

Die Beschreibung nach einem Exemplar der Bremer Sammlung von Caconda (Anchieta).

m. ad. Caconda (Anchieta). Das Grün im Ganzen etwas bläulicher als bei unserm Exemplar. Grössere innere Flügeldeckfedern blauschillernd, die kleineren längs des Flügelrandes mehr grün; Bauchseiten deutlicher in's Blaue ziehend; Handschwingen verschossen hellbraun, nur die Basis der Aussenfahne zu zwei Drittheilen grün; der Flügelfleck schöner entwickelt als bei unserm Exemplar, blau und violettglänzend mit Kupferschiller; die Sammtflecken der Flügel deutlich, aber klein. (Coll. Sharpe.)

Ex. von Caconda (Anchieta). Jüngerer Vogel: Obenher steht das Metallgrün fleckig auf hellbraungrauem Grunde; Armschwingen goldgrün; Handschwingen braun, die Aussenfahne und die breitere Basalhälfte grün; untere Schwanzdecken broncegrün mit hellbrauner Spitze; innere Flügeldecken grau; untenher hellgelbbräunlich gefleckt, die Federn in der Mitte dunkler, dazwischen einzelne metallgrüne Federn; Steuerfedern broncegrün, die seitlichen auf der Innenfahne gegen den Rand zu bräunlich; die grossen Schwingen, die Steuerfedern und die oberen Schwanzdeckfedern mit hellbräunlichem Spitzensaum.

rostr. a fr.	al.	caud.	tars.	
20 m.	12 c. 7 m.	11 c. 2 m.	2 c. 7 m.	(*m.* ad. Coll. Sh.)
18 m.	12 c. 6 m.	10 c. 6 m.	2 c. 7 m.	(Coll. Br.)
19 m.	12 c. 2 m.	10 c.	2 c. 6 m.	(Jun. Coll. Sh.)

Bis jetzt nur in Angola gefunden. Die bekannten Exemplare stammen sämmtlich von Caconda, wo die Art von dem Portugiesen Anchieta entdeckt wurde.

Der deutlich abgestufte Schwanz kennzeichnet diese Art in eigenthümlicher Weise. Die Länge der mittleren Steuerfedern ist circa 96 mill., die der äusseren 72 mill. Der blaue Ohrfleck erscheint ebenso circumscript als bei sycobius, unterscheidet sich aber durch die viel weniger intensive Färbung. — Die Ansicht, es verberge sich unter dieser Art Brisson's Merula viridis angolensis (Turdus nitens, L.), können wir nicht theilen. Wenn auch die Abbildung die in der Beschreibung unerwähnt gebliebenen Sammtflecken der Flügel, ja sogar eine gewisse Abstufung des Schwanzes deutlich zeigt, so halten wir es gleichwohl für undenkbar, dass Brisson den beim ausgefärbten Vogel constant vorhandenen, circumscripten blauen Ohrfleck bei der Beschreibung übersehen haben sollte.

Syn Lamprocolius acuticaudus, Barb. du Bocage, Av. das posess. Portug. etc. Quarta lista. Journ. Sc. Lisb. 1870, p. 133.

12. L. phoenicopterus, Sw.

Major: splendide aeneo-viridis, plus minus chalybaeo-caerulescens; capite, nucha, uropygio, supracaudalibus, crisso, infracaudalibus et cruribus distinctius caerulescentibus; subalaribus violascente-chalybaeis; regione parotica nitore nonnullo violascente; maculis alarum holosericeis parvis; loris holosericeo-nigris; cauda subcaerulescente; macula cubitali fulgide chalybaeo, violaceo cupreoque varia; rostro et pedibus nigris. Iris flavo-aurantia.

Foem. Minor; remigibus majoribus parte apicali fuscescentibus; macula cubitali splendide violacea, nitore cupreo minus distincto.

Long. circa 27 cent.

Alt: Schön metallisch-grün, Scheitel und noch mehr Hinterkopf und Nacken blauschillernd; am tiefsten blau die Ohrgegend, aber nicht umschrieben; dieses Blau zieht schwach in's Violette; Unterrücken und obere Schwanzdecken stark bläulich; Unterseite schön bläulich-grün; Schenkel stahlblau; untere Schwanzdecken grüner; die längeren Innenflügeldeckfedern intensiv blau, die kleineren längs des Flügelrandes spangrün; Steuerfedern grün, auf der Unterseite schwarz; die Sammtflecken der Flügel klein und undeutlich; Armschwingen mit etwas in's Bläuliche ziehendem dunklen Spitzenrand; Schwungfedern 1. und 2. Ordn. grün, die Innenfahne gegen den Rand zu schwärzlich; auf den Flügeln erscheint das Metallgrün am reinsten und am wenigsten bläulich; der Armfleck ist ein prächtiges Gemisch aus blau, violett und goldbraun oder kupferröthlich. (*m.* ad von Port Elisabeth.)

Ex. von Elands-Port. (*m.* ad. Atmore.) Prachtvoll blau an den Kopfseiten und um den Hinterhals herum. Deutlicher violetter Schiller.

Ex. von Capangombe. (ad. Anchieta.) Sehr gross; das Grün der Steuerfedern deutlich in's Bläuliche; die Querbänder unter gewissem Lichte besonders deutlich.

Ex. von Ambaca. (ad. Anchieta.) Steuerfedern deutlich stahlblau schillernd, sehr stark gebändert; innere Flügeldecken violett.

Ex. aus Damaraland. (Jünger. Andersson.) Düster metallgrün, das Braun der Federbasis überall durchscheinend; untere Schwanzdecken braungrünlich mit sehr schwachem Metallglanz; Armfleck schon deutlich; Bürzel und Schwanz mit stahlblauem Schiller; Unterseite vorherrschend braun, mit grünlichem Schiller. Schnabel kürzer.

rostr. a fr.	al.	caud.	tars.	
20 m.	13 c. 8 m.	9 c. 5 m.	3 c.	(Alt. Elandsport)
21 m.	14 c. 3 m.	10 c.	3 c.	(Alt. Elandsport)
18 m.	12 c. 7 m.	9 c. 5 m.	3 c. 2 m.	(Alt. Natal)
19 m.	13 c. 6 m.	8 c. 5 m.	3 c.	(Alt. Damara)
16 m.	12 c. 3 m.	10 c.	3 c. 3 m.	(Alt. Capang.)

Sehr zahlreiche Exemplare dieser Art konnten untersucht und verglichen werden. Die individuellen Färbungsdifferenzen sind unbedeutend. Die Farbe der Iris, beim alten Vogel lebhaft roth, wird gleich nach dem Tode wieder gelb (Jules Verreaux). Beim jungen Vogel ist die Iris schwärzlich. Von der nächstverwandten Art, L. decoratus, unterscheidet sich L. phoenicopterus hauptsächlich durch die grössere Statur, die weit stärkeren Füsse, den längeren Schnabel, das tiefere in's Violette schillernde Blau der Kopfseiten und durch das Nichtvorhandensein der violetten Färbung der Deckfedern von den Schwingen 1ster Ordnung.

Ein in Südafrika sehr häufiger und weit verbreiteter Vogel. Ueberall in den östlicheren Theilen der Capcolonie. Levaillant traf ihn zuerst in grossen Schaaren am Gamtoosriver. Ebenso häufig in Grosnamaqua, Damaraland, in den Thälern des

Okavango und Teoge, sowie auf dem Gebiete der Seen. Standorte sind z. B. noch Natal: Ayres, Cutter; Capangombe und Ambaca in Angola: Anchieta; Elandsport: Atmore; Port Elisabeth: Cutter. Monteiro nennt ihn überaus häufig in ganz Angola.

Schon Levaillant berichtet über die Lebensweise dieser Art, dass sie, ächte Strichvögel, nur in der trocknen Jahreszeit die Colonie besuchen, dass Beeren und Larven aller Art die Nahrung bilden, dass das Nest in Baumlöchern oder auf dem Boden (?) stehe und dass die Zahl der blaugrünen Eier fünf oder sechs sei. — Andersson hebt das Staarartige bei diesem Vogel besonders hervor. Grosse Flüge oft in der Nähe der Dörfer. Wenig scheu. Die Nahrung bestehe in Beeren, Saamen und Insecten. Fruchtgärten werden gern geplündert. Das Nest steht in Baumlöchern und ist sorgfältig ausgefüttert mit Federn. Gewöhnlich nur 4 Eier von länglich-ovaler Gestalt, stark zugespitzt an einem Ende, blassbläulich-grün und durchweg besäet mit kleinen hellbraunen Flecken.

Um Natal gewöhnlich in Flügen von drei bis zwölf Individuen, bisweilen auch mehr. Im Frühjahr sieht man nur Paare. Das ein Nest enthaltende Baumloch steht in der Regel ziemlich hoch über dem Boden. Ayres beobachtete einmal, wie ein Paar dieser Art sich eines Spechtnestes bemächtigte, die Eier darin zerstörte und die eigenen hineinlegte, was sich die Spechte zaghaft gefallen liessen. Maulbeeren lieben sie vorzugsweise. Mitunter sieht man sie auch auf dem Boden nahrungsuchend umherhüpfen, ähnlich der Schwarzamsel in England. Der Gesang ist staarenartig.

Nach Jules Verreaux fiele die Zeit der Fortpflanzung in die Monate October, November und December. Im Februar, März und April sei dieser Vogel massenweise um Natal anzutreffen, um dort gewisse eben reife Beeren zu fressen.

Syn. Le Nabirop, Levaill. Ois. d'Afr. pl. 89. — Sturnus auratus, Daud. — Lamprotornis aurata, Licht. Doubl. p. 18. — L. phoenicopterus, Sw. Anim. in Menag. p. 360. — Lamprocolius phoenicopterus, Bp. Consp. I. 416 — Cab. Mus. Hein. I. 199 — Pucher. Rev. Mag. Zool. 1858, p. 249. (descr. opt.) — Hartl. Cab. Journ. 1859, p. 18. - Sundev. Anteckn. p. 34 — Juida phoenic. Lay. B. South Afr. p. 171. - Gurney et And. B. of Damara, p. 160. — Spreo bispecularis, Scl. et Strickl. Contrib. Orn. 1852, p. 149. — Gurney et Ayres, Ibis II. p. 210 (Natal) — Gurney, Proc. Z. S. 1864, p. 7. — Monteiro, Proc. Z. S 1865, p. 92.

13. L. decoratus, Hartl.

Splendide metallice-viridis; loris nigris; occipite, nucha, capitis et colli lateribus, uropygio rectricibusque pulchre chalybaeocaerulescentibus, intermediis conspicue in violaceum vergentibus, omnibus sub certa luce fasciolatis; remigum fusco-nigrarum pogoniis externis, excepta parte apicali angustata, caeruleo-virescentibus, 5tae et 6tae purius caeruleis, maculis holosericeis alarum parum distinctis; tectricibus remigum primar. violaceis; remigibus cubitalibus nitide caerulescentibus, conspicue fasciolatis; subalaribus viridi caeruleoque variis; subtus aeneo-virescens; subcaudalibus caerulescentibus; macula cubitali violaceo-purpurascente cupreoque resplendente; rostro et pedibus nigris. Iris aurantiaca.

Foem. Vix diversa.

Long. circa 22 cent.

Wir unterschieden diese seltnere Art 1862 nach einem von Layard eingesandten und aus Natal stammenden Exemplare. Inzwischen sind uns deren noch andere zu Gesicht gekommen. Die hier gegebene Beschreibung nach einem altausgefärbten Männchen von Ambacca (Angola). Anchieta, der den Vogel dort sammelte, nennt die Iris „entre encornado e amarello". Die uns bekannt gewordenen Exemplare zeigen nur geringe individuelle Verschiedenheit in der Färbung. Die etwas in's Violette ziehende Nüance der mittleren Steuerfedern ist bei einem anderen ebenfalls von Ambacca stammenden Exemplar (m. ad.) kaum bemerklich. Die blauen Innenflügeldeckfedern zeigen bei diesem an den Rändern violetten Purpurglanz. Der sammtschwarze Spitzenfleck der Cubitalschwingen kaum bemerkbar.

Sehr characteristisch für diese Art im Vergleich zu den naheverwandten L. phoenicopterus und sycobius ist die violette Färbung der Deckfedern der Primärschwingen. Schnabel und Füsse zierlicher als bei diesen. Der Schwanz erscheint unter gewissem Lichte mit bläulich-violetten Reflexen fasciolirt. Die erste Schwungfeder 1. Ordn. ist ganz schwärzlich-braun, die übrigen, mit Ausnahme des verschmälerten Spitzentheils auf der Aussenfahne, metallgrün; auch das Braun der Innenfahne zeigt grünlichen Schiller. Untere Schwanzdecken von der Farbe des Bauches. Auch die Cubitalschwingen zeigen nach der stark bläulichen Spitze hin deutliche Bänderung; die zwei Reihen sammtschwarzer Flügelflecken nur eben erkenntlich. Die Weibchen sind etwas weniger glänzend gefärbt, im übrigen nicht verschieden.

rostr. a fr.	al.	caud.	tars.	
17 m.	120 m.	85 m.	29 m.	(f. Moconjo)
18 m.	122 m.	83 m.	30 m.	(m. Ambacca)
17 m.	122 m.	98 m.	29 m.	(m. Ambacca)
17 m.	122 m.	90 m.	29 m.	(f. Moconjo)
19 m.	120 m.	83 m.	30 m.	(Natal)

Die bis jetzt bekannten Exemplare dieser Art stammen von Angola oder von Natal. Ueber die Lebensweise fehlt uns jede Auskunft.

Syn. Lamprocolius decoratus, Hartl. Ibis 1862, p. 148. — Lay. B. of S. Afr. p. 171.

14. L. sycobius, Peters.

Pulchre metallice-viridis, nitore sericeo resplendens; tergo, uropygio et cauda vix caerulescentibus, rectricibus sub certa luce fasciolatis; maculis alarum parvis holosericeis; macula regionis paroticae circumscripte cyanea; macula cubitali fulgide violaceo-purpurascente, cupreo et cyaneo micante; subalaribus pulchre caeruleis, nitore nonnullo violascente; abdomine nec non hypochondriis et cruribus chalybaeo-caerulescentibus; subcaudalibus viridibus; remigibus primariis fusco-nigris, pogonio externo obsolete virescentibus; cubitalibus totis viridibus; rostro et pedibus nigris. Iris aureo-flava.

Foem. paullo minor et minus nitide tincta.

Leng. circa 25 cent.

f. ad. (Huilla) Metallisch-grün mit prachtvollem Seidenglanz und schwach bläulichem Schiller unter gewissem Lichte; ausser den beiden Reihen der gewöhnlichen Sammtflecke des Flügels zeigt das Männchen solche auch an der Spitze der grünen Armschwingen; Armfleck oben kupferglänzend, dann violett und nach unten zu blau; Bürzel, obere Schwanzdecken, Schenkel, Bauch und Seiten mehr oder weniger blauschillernd; untere Schwanzdecken grün; die erste Schwungfeder ganz braunschwarz, die folgenden ebenso, aber am breiten Theile der Aussenfahne mattgrün; auch die Innenfahne mit schwach grünlichem Schiller; Schnabel und Füsse schwarz. Iris goldgelb.

Bei dem Weibchen ist der Seidenglanz des Gefieders ungleich schwächer entwickelt.

Die Beschreibung nach Exemplaren der Bremer Sammlung von Huilla.

rostr. a fr.	al.	caud.	tars.
18 m.	129 m.	94 m.	19 m. (*f.* ad. Huilla)
19 m.	130 m.	100 m.	25 m. (*m.* ad. Huilla)
18 m.	13 c.	90 m.	30 m. (*m.* ad. Huilla)
18 m.	13 c. 2 m.	95 m.	30 m. (Alt. Tette.)

Wir konnten acht Exemplare dieser schönen von Peters in Mossambique entdeckten Art untersuchen. Die Mehrzahl derselben stammt von Huilla in Angola, wo der portugiesische Reisende Anchieta sie sammelte. Von L. phoenicopterus ist diese Art bestimmt verschieden durch den prachtvollen Seidenglanz des Gefieders, den obenher vom Auge ab scharf begränzten schönblauen Ohrfleck, den viel weniger blauen Unterrücken und Bürzel, den Mangel an gelben Messingtönen im Armfleck, die entschieden kleineren Dimensionen, den beinahe reingrünen Schwanz, den ungleich zierlicher gebildeten Schnabel und Füsse. L. decoratus hat obenher viel mehr blau in der Färbung und ist auf der Unterseite grüner. Auch ist er kleiner als L. sycobius. Das Blau der Ohrgegend ist diffus; die unteren Schwanzdecken ziehen stark in's Bläuliche; die Aussenfahnen der 5. und 6. Schwinge sind schön blau. Das Alles lässt keine Verwechselung der beiden Arten zu.

Die bis jetzt bekannten Exemplare dieser in Sammlungen noch sehr seltenen Art stammen entweder von Mossambique, wo Peters und Kirk sie antrafen, oder von Angola, wo, wie schon gesagt, der Portugiese Anchieta sie sammelte. Um Tette lebte dieser Glanzstaar gesellig und frequentirte im August und September cultivirtes Terrain an den Ufern des Zambesi und Shiré. (Kirk.)

Syn. Lamprotornis sycobius, Licht. Nomencl. p. 53 (sine descr.) — Hartl. Cab. Journ. 1859, p. 19. — Kirk, Ibis 1864, p. 321. — Finsch et Hartl. Vög. Ostafr. p. 380.

15. L. melanogaster, Swains.

Obscure metallice-viridis, nitore sericeo; loris holosericeo-nigris; macula poneoculari oblonga violacente-caerulca; scapularibus, tergo, uropygio, supracaudalibus et cauda splendide violaceis; rectricum pogoniis internis nigris, sub certa luce fasciolatis; remigibus nigris, primariis earumque tectricibus pogonio externo fere toto intense purpureo-violaceis, secundariis tectricibusque obscure viridibus; pectoris lateribus chalybaeo-violascentibus; corpore inferiore reliquo nigro, hypochondriis nitore chalceo; subcaudalidus chalybaeo-violascentibus; rostro et pedibus nigris. Iris dilute flava.

Foem. Magis aeneo-virescens; cauda fere tota nigra; macula poneoculari parum distincta; pectore et abdomine obsolete fusco-nigricantibus, hypochondriis et subcaudalibus nonnihil chalybaeo-violascentibus; remigibus 1. ord. pogonio externo viridibus.

Long. circa 22 cent.

Die Beschreibung nach von E. Mohr in Natal gesammelten Exemplaren der Bremer Sammlung.

Nur das altausgefärbte Männchen zeigt den olivegoldigen Schiller der Bauchseiten; Unterrücken und obere Schwanzdecken lebhaft violett; der Hinterhals am grünsten; Schulterfedern violett, ebenso der Aussenrand der grösseren Schwungfedern mit Ausnahme des Spitzentheils; keine Spur von Sammtflecken der Flügel; Zügel sammtschwarz. „Iris hochgelb": Victorin.

Ex. von Natal. (f. J. L. Meade. Coll. Sharpe.) Etwas unsichere Färbung; Bauch bräunlich mit violettblauem Anfluge; Schwingen dunkelbraun, mit schwachbläulichen Aussenrändern; Unterrücken und obere Schwanzdecken düster bläulich; Kopf, Hals und Mantel grün; Gegend hinter dem Auge mehr blau; Schulterfedern mehr bläulich; Steuerfedern dunkelbraun, mit deutlich blauen Aussenrändern.

rostr. a fr.	al.	caud.	tars.	
16 m.	11 c. 3 m.	9 c.	25 m.	(m. ad. Natal)
15 m.	10 c. 5 m.	8 c. 3 m.	24 m.	(f. jun. Natal)
15 m.	11 c. 4 m.	8 c. 2 m.	25 m.	(Br. Samml.)

Der Verbreitungsbezirk dieser Art ist ein ziemlich beschränkter. Jules Verreaux definirt denselben als zwischen Zwellendam und Port Natal liegend. Aber Fornasini sammelte den Vogel in Mossambique. Fundorte in Südafrika sind z. B. Kafferland: Krebs, Wahlb.; Capcolonie: Verr.; Knysna: Victorin; Natal: Mohr, Ayres, Meade; Pietermarizburg: Layard.

Swainson's Angabe „Senegal" beruht auf einem Irrthum; ebenso Grant's und Speke's „Unyamezi" „Eyes snowwhite" (Grant, Summary of Observ. p. 82.).

Diese höchst eigenthümliche Art steht völlig isolirt unter den congenerischen da. Der dunkle Seidenglanz des Gefieders, der gänzliche Mangel der Sammtflecken der Flügel, die auffallend kleinen zierlichen Füsse, die Färbung selbst machen dieselbe vor jeder andern sofort erkenntlich.

Am interessantesten berichtet über L. melanogaster der schwedische Reisende J. F. Victorin. „Diesen Vogel habe ich nun in der Umgegend (von Knysna) zwei Tage hintereinander in Flügen von 10 bis 14 Stück bemerkt, ohne anfänglich besonders darauf zu achten. Ich hielt ihn nämlich für Dicrurus musicus, dem er aus einiger Entfernung sehr ähnelt. Beide bemerkte ich auf einem Capash (Ekebergia capensis), dessen röthliche Frucht sie sehr lieben. Hoch oben in einem dürren Baum sitzend oder auch in einer mehr offenen Lage zeigt sich dieser Glanzstaar sehr scheu. Wenn aber der Baum von dichtem Gebüsch umgeben ist, so kann man unter dem Schutze desselben ihn leicht schiessen. Ihr Stimmlaut klingt bisweilen wie der von Sturnus vulgaris in der Herbstzeit. Im Kafferlande soll der Vogel sehr gemein und unter dem Namen Green Sprou bekannt sein."

Nach Jules Verreaux gern zwischen Viehheerden, auch wohl in der Nähe von Büffeln, Rhinocerossen und Antilopen. Aber hält sich jedenfalls nicht so ausschliesslich am Boden auf wie der Spreo. Und Ayres berichtet von ihm, dass er bei Natal gesellig auf buschreichem Terrain von kleinen Früchten lebe und dass sein Gesang laut und misstönig sei.

Syn. Lamprotornis melanogaster, Swains. Anim. in Menag. p. 297. — L. porphyropleuron, Sundev. Oefvers. K. Vetensk. Ac. Förh. 1850, p. 100. — L. corusca, Licht. in Mus. Berol. — Id. Nomencl. Av. p. 53. — Lamprocolius corrusca und L. melanogaster, Bp. Consp. I. 115. — L. melanogaster, Hartl. Syst. Orn. Westafr. p. 119. — Id. Caban. Journ. 1859, p. 23. — Id. Ibis, 1862, p. 148. — Finsch, Cab. Journ. 1867, p. 247. — Juida melanogaster, Lay. B. of S. Afr. p. 173. — „Lampr. purpuropterus, Rüpp." Bianc. Specim. Zool. Mosamb fasc. XVIII. p. 322. — Finsch et Hartl. Vög. Ostafr. p. 381. — Gurney et Ayres, Ibis 1862, p. 29. — Grill (Victorin) Anteckn. p. 37.

16. L. purpureiceps, Verr.

Splendide aeneo-viridis; capite toto et pectore pulcherrime amethystino-violaceis, pilei plumis in holosericeum vergentibus; dorso quasi circumscripte viridi; abdomine minus nitide tincto;

tectricibus alarum magis caerulescentibus, remigum pogoniis externis intensius cyaneis, apicibus et pogoniis internis ex parte nigris, chalybeo lavatis; rectricibus pogonio interno nigris, nitore chalybeo externo quasi subaurato, duabus mediis totis chalceo-olivascentibus; subcaudalibus et subalaribus, nigricante et dilute caerulescente variis; supracaudalibus dorso concoloribus; maculis holosericcis alarum nullis; rostro et pedibus nigris. Iris fusca.
Long. circa 20 cent. 3 mill.
Foem. parum minor; minus nitide tincta.

Die Beschreibung nach einem prachtvoll ausgefärbten Exemplar von den Cameroons-Gebirgen (Crossley). Das Violett der Brust erscheint am untern Rande mehr blau. Die unteren Schwanz- und inneren Flügeldecken schwärzlich und hellberyllbläulich gemischt mit prachtvollem und sehr eigenthümlichem Metallglanz.

Ex. von Gabon (Du Chaillu). Etwas weniger schön. Kehle nur spärlich gefiedert; das Blau der Schwingen höchst brillant, fast ultramarin. Auch die Deckfedern viel blauer. Ebenso die unteren Schwanzdecken und die längeren Oberschwanzdeckfedern. (Coll. Sharpe.)

Ex. von Cameroons. Jüngerer Vogel (Crossley). Vorderkopf und Kehle schwärzlich; die violetten Partien am Kopf alle rein blau; die Flügel erscheinen bläulichgrün; Unterleib dunkel schwärzlichgrün; Schnabel und Füsse heller. (Coll. Sharpe.)

rostr.	a fr.	al.	caud.	tars.	
17 m.		12 c.	7 c. 7 m.	20 m.	(Cameroons)
16 m.		11 c.	8 c.	20 m.	(Gabon)
12 m.		9 c.	3 c. 7 m.	20 m.	(Cam. Jüng.)

Die bis jetzt bekannten Exemplare dieser ausgezeichneten Art stammen von Gabon, wo Du Chaillu dergleichen am Muniflusse, am Ogobai und Rembo erlangte, und von Cameroons, wo Crossley dieselbe sammelte. Sie bildet mit der nächstfolgenden eine kleine Gruppe für sich. Der matte halbsammtartige Glanz der Kopf- und Halsbefiederung ist derselben eigenthümlich. Der Schwanz erscheint leicht ausgerandet. Von den sammtartigen Flügelflecken der grösseren Lamprocolii keine Spur. Der Schnabel zierlich und sehr kurz. Die Füsse kräftig.

Nach Du Chaillu lebt dieser Vogel truppweise im Gebüsch, Beeren und Früchten nachsuchend.

Syn. Lamprocolius purpureiceps, J. Verr. Rev. et Mag. de Zool. 1851, p. 418. — Hartl. Syst. Orn. Westafr. p. 120. — Hartl. Cab. Journ. 1859, p. 24. — Cass. Proceed. Ac. Philad. 1859, p. 133. — Strickl. Jard. Contrib. 1851, p. 133. — Cass. Proc. Acad. Philad. 1857, p. 36. — Hartl. Cab. Journ. 1859, p. 24. — Sharpe, Proceed. Z. S. 1871, p. 611.

17. **L. cupreocauda, Temm.**

Splendide chalybeo-virescens; capite, collo et pectore superiore obscure violaceo-purpurascentibus; alis distinctius aeneo-

virescentibus; subalaribus chalybeis; remigibus nigris, nitore nonnullo chalybeo; subcaudalibus obscure violascentibus; rectricum pogoniis internis chalybaeo-nigricantibus, externis marginem versus chalceo-nitentibus, externis subauratis; mediis totis metallice olivascentibus; rostro et pedibus nigris. Iris?
 Long. circa 20 c. 3 m.
 Foem. minor, coloribus vix diversa.
 Wir beschrieben ein von Whitely gesammeltes prachtvolles Exemplar aus Fantee in der Sammlung R. B. Sharpe's. Ganz so gefärbt ist ein sehr schönes Exemplar von Ashantee im Britischen Museum. Auch in der Bremer Sammlung.
 Ex. von Fantee (Usher); überall etwas matter gefärbt. (Coll. R. B. Sharpe.)
 Ex. vom Voltaflusse (Usher). Die Amethysttöne prachtvoll entwickelt.
 Ex. von Aquapim (Riis). Etwas kleinere Dimensionen. Die Färbung nicht abweichend.

rostr. a fr.	al.	caud.	tars.
16 m.	12 c. 3 m.	8 c.	21 m. (ad. Fantee)
16 m.	—	8 c.	20 m. (Voltafl.)
12 m.	12 c.	8 c.	20 m. (Gabon)
16 m.	11 c. 5 m.	7½ c.	19 m. (Fantee)
16 m.	12 c. 6 m.	7 c. 6 m.	22 m. (Gabon)

 Weit auf der Küste von Guinea verbreitet. Standorte sind: Sierra Leone (?): Mus. Lugd.; Aquapim: Riis; Ashantee: Brit. Mus.; Gabon: Aubry Lecomte, Gujon; Fantee: Whitely, Usher; Accra: Usher.
 Diese schöne Art unterscheidet sich wesentlich von der vorigen. Die Hauptfarbe des Körpers ist weit bläulicher und der Uebergang der violetten Halsfärbung in dieselbe erscheint viel vermittelter als bei L. purpureiceps. Die Farbe des Scheitels zieht stark in's Stahlblaue. Obere Schwanzdecken schön stahlblauglänzend. Das Sammtartige der Kopfbefiederung fehlt. Die Formen und Maasse ganz dieselben wie bei L. purpureiceps. In der Schwanzfärbung kein Unterschied zwischen den beiden Arten.
 Ueber die Lebensweise ist wenig bekannt. Lebt auf den Ebenen um Accra (Goldküste) geschaart und oft zusammen mit L. auratus. Im Betragen ist viel Staarenartiges. (Usher.)
 Syn. Lamprotornis cupreocauda, Temm. Mus. Lugd. — Hartl. Syst. Orn. Westafr. p. 119. — Id. Caban. Journ. 1859, p. 24. — „Lamprocolius purpureiceps" Sharpe, Ibis 1869, p. 384. — Id. Ibis, 1874, p. 66. — Id. Ibis 1870, p. 473.

Genus Pholidauges, Cap.

Cab. Mus. Hein. p. 198.
 Rostrum breviusculum, gracile, emarginatum, apicem versus compressum, culmine arcuato, naribus apertis.

Alae mediocres, caudae dimidium vix attingentes, remigibus 2—4 caeteris longioribus, subaequalibus.
Cauda aequalis, mediocris.
Pedes majusculi, unguibus longis; digitus externus interno longior.
Ptilosis nitidissima; plumae apice dilatato-truncatae, squamarum instar positae. Color violaceus in maribus praevalet. Maculae holosericeae alarum nullae. Foemina a mare plane diversa, maculata.
Forma minor.
Africa trop. Arabia.
2 spec.

1. Ph. leucogaster, (Gm.)

Nitidissime purpurascente-violaceus; loris holosericeo nigris; pectore et abdomine albis; subalaribus nigricantibus; remigibus 2. ord. nigricante-fuscis, margine externo violaceis; rectricibus mediis totis, reliquis pogonio externo violaceis; rostro et pedibus nigris. Iris dilute flava.

Foem. Supra fusco et ferrugineo variegata; subtus rufescente-albida, fusco-striolata; remigibus basi ferrugineis; subcaudalibus albis.

Long. circa 17 cent.

Das Schuppenartige der Befiederung zeigt nur diese Form in der Gruppe der Glanzstaare. Sehr zahlreiche Exemplare konnten untersucht werden. Bei vielen der altausgefärbten Männchen ist der Farbenton ein rein violetter, bei anderen ein mehr purpurröthlicher. Bei zwei Exemplaren fand ich die röthlichen und die blauen Federn gemischt; diese letzteren sind offenbar die frischeren, jüngeren Federn. Die schwärzlichen Unterflügeldecken zeigen einen schwach violetten Metallschimmer. Schwingen erster Ordnung braunschwarz mit metallisch schillernder Spitze; Schwanzfedern an der Innenfahne braunschwarz; ein schmaler Zügelstreif sammtschwarz. Hinsichtlich des Weibchens lassen die von Blanford, Sturt und Jesse an sehr zahlreichen frischen Exemplaren anatomisch constatirten Beobachtungen keinen Zweifel darüber zu, dass Rüppell, Brehm und Heuglin irrten, wenn sie das alte Weibchen als in der Färbung vom Männchen nicht unterscheidbar darstellten. Das Farbenkleid desselben ist das oben kurz beschriebene, völlig abweichende und durchaus unscheinbare. Bei manchen Exemplaren sind die Federränder des Oberkörpers und der Flügel lebhaft röthlich und breiter, bei anderen dagegen etwas heller und schmaler. Die unteren Schwanzdecken mit einzelnen schmalen, schwarzen Schaftstrichen; die Innenfahne der Schwingen ist. mit Ausnahme des Spitzenviertels, hellrostroth. Die roströthliche Abschattirung nach dem Innenrande der Steuerfedern ist bei manchen Exemplaren sehr deutlich, bei andern kaum zu bemerken.

Jüngeres Männchen: Oben fahlbraun mit hellen Federrändern; Bürzel, Schultern, Flügeldecken und die Aussenränder einzelner Armschwingen prachtvoll violett; mittlere Steuerfedern violett, die folgenden hellbraun, dann schwärzliche mit violettem Schiller auf der Aussenfahne; die Färbung des Unterkörpers noch wie beim Weibchen; untere Schwanzdecken weiss.

Unbegreiflich bleibt's, dass Heuglin's Ansicht die entgegengesetzte ist. Auch er will sehr viele Exemplare in allen Färbungsstufen anatomisch untersucht und ebensowohl **metallglänzende Weibchen** als gescheckte Männchen gefunden haben!!

rostr. a fr.	al.	caud.	tars.	
12 m.	10 c. 3 m.	6 c. 7 m.	3 c.	(*m.* ad. Fantee)
12 m.	10 c. 3 m.	6 c. 6 m.	2 c. 2 m.	(*m.* ad. Gambia)
12 m.	10 c. 7 m.	6 c. 7 m.	1 c. 8 m.	(*m.* ad. Abyssin.)
12 m.	10 c. 7 m.	7 c. 5 m.	1 c. 9 m.	(*m.* ad. Abyssin.)
12 m.	10 c.	7 c.	1 c. 7 m.	(*m.* ad. Gambia)
12 m.	10 c. 5 m.	7 c.	1 c. 8 m.	(*f.* ad. Gambia)

Ph. leucogaster ist wohl die am weitesten verbreitete Art unter den Glanzstaaren. Sie bewohnt das ganze tropische Afrika und wurde von Hemprich und Ehrenberg in den Bergen der Wechabiten bei Gumfuda in Arabien beobachtet. Standorte in Afrika sind beispielsweise: Senegal (Mus. Lissab.), Gambia (Bowd. Brem. Mus.), Kasamanse (Verr.), Goldküsts (Riis, Usher), Fantee (Whitely, Higgins), Aquapim (Reichenow), Gabon (Gujon), Natal (Ayres), Abyssinien (Rüppell, Heuglin, Brehm, Blanford, Jesse etc.), Oberer Bahr-el-Abiad (Heugl.), Am Jobat, Djur und Kosanga (Heugl.), Mossambique (Sperling).

Innerhalb der Capcolonie noch nicht beobachtet: Layard.

Die vertikale Verbreitung würde nach Heuglin bis gegen 9000 Fuss hinaufreichen. (In Begemeder.) Blanford traf ihn nicht über 6000 Fuss hinaus.

Der Schuppenglanzstaar lebt gesellig in Flügen von 6 bis 20 Stück. Er ist ein ächter Baumvogel, den man selten auf dem Boden antrifft. Er scheint nach der Regenzeit zu wandern. Bei Bowdich findet sich die Notiz, dass Ph. leucogaster im Mai bei Mandinari, 11 Meilen den Gambia aufwärts, erscheine. Zu Anfang der Sommerregenzeit traf Heuglin zahlreiche Flüge in den Urwäldern zwischen dem Gazellenfluss und dem Kosanga. Zur Brutzeit mehr im Gebüsch bei Paaren. Der Lockton ist ein sanftes Pfeifen (Piepen: Ehrenb.). Zu Flügen vereinigt beleben sie staarenartig lärmend die Viehweiden und den Hochwald. Ihr Flug ist dem des Rosenstaars zu vergleichen. Gern baden sie an der Tränke Im Magen fand Heuglin Früchte, Insecten, Larven. Abends schaaren sich die einzelnen Flüge auf isolirt stehenden Bäumen, um dort zu übernachten. Nest und Eier unbekannt.

Nach Blanford fehlte dieser Vogel von December bis Ende Februar gänzlich in den Pässen unterhalb Senafé. Zu Anfang März erschienen einzelne Flüge und im Mai wimmelte es von Paaren. Flügge Junge am Ain Saba im Juli.

Antinori konnte den Schuppenglanzstaar in Bogos beobachten und berichtet neuerdings darüber. Er begegnete den ersten Vögeln dieser Art bei Ansaba um die Mitte Mai. Immer waren es nur vereinzelte Pärchen, die er dort traf und die ihn bald von der Richtigkeit der Ansicht Jesse's hinsichtlich des Färbungsunterschiedes der Geschlechter überzeugten. Der Vogel scheint dort an bergige Lokalitäten gebunden, von welchen er nur selten in die Ebene herabsteigt. Er unterscheidet sich in seiner ungeselligen Lebensweise sehr von den übrigen Glanzstaaren. Man sieht ihn vorzugsweise in den Gipfeln hoher Bäume auf spärlich belaubten Aesten, wo denn oft mehrere Individuen dicht aneinandergedrängt hocken. Längs des Giesbaches Sciotel, in den Waldungen am Zad-Amba und in den Engpässen, die nach Mensa und Maldi führen, war diese Art nicht selten. An offenen Stellen in Sambar und Burka fehlten sie.

Ayres berichtet, dass diese Art um Natal zur Zeit, wo die weissen Ameisen schwärmen, dieses Insect der gewohnten vegetabilischen Nahrung vorziehe.

Usher beobachtete Ph. leucogaster an verschiedenen Punkten der Goldküste. Das niedere Gebüsch in der Umgebung der Stadt Lagos (Sklavenküste) wurde von grossen Schaaren desselben belebt. Sie fressen hier mit Vorliebe die Beeren eines Dornbusches. Auch in Cameroons waren nach Reichenow Beeren die Hauptnahrung. Hier trieben sich kleinere Schaaren in niederem Gebüsch umher.

Blanford möchte Pholidauges für congenerisch halten mit der indischen Gattung Grandala, Hodgs., und Gurney hält diese Ansicht für sehr beachtenswerth. Nachdem wir Ph. leucogaster und Gr. coelicolor aufmerksam verglichen, müssen wir diese Vereinigung als sehr irrthümlich zurückweisen. Pholidauges bleibt für uns ein Staar, Grandala ein saxicoliner Vogel von etwas unsicheren Affinitäten, aber Sialia zunächst stehend.

Syn. Turdus leucogaster, Gm. S. N. p. 819. — Merle violet à ventre blanc de Juida, Buff. Pl. enl. 293, fig. 1. — Lath. Gen. Hist. v. 224. — Lanius sp. Bowd. Exc. p. 224. — Lamprotornis leucogaster, Swains. B. of W. Afr. I. p. 112, pl. 8. — Rüpp. Neue Wirb. Abyss. Vög. p. 24. — Ehrenb. Symb. Physic. Av. dec. I. — Heugl. Uebers. p. 37. — Calornis leucogaster, Bp. Consp. I. 416. — Pholidauges leucogaster, Cab. Mus. Hein. I. p. 198. — Hartl. Orn. Westafr. p. 120. — Id. Cab. Journ. 1859, p. 28. — Jard. Nat. Coll. Edinb. N. Phil. Journ. 1856, p 243. — Heugl. Orn. N. O. Afr. p. 521. — Finsch et Hartl. Vög. Ostafr. p. 376. — Finsch et Jesse, Transact. Z. S. VII. 247. — Grandala leucogaster, Blanf. Zool. Abyss. p. 247. — Juida leucogaster, Lay. B. of S. Afr. p. 174. — Cinnyricinclus leucogaster, Less. Rev. zool. 1840, p. 272. — Gurney et Ayres, Ibis 1862, p. 29. — J. J. Monteiro, Ibis 1862, p. 337. — Gurney, Proc. Z. S. 1864, p. 6. — A. Brehm, Thierl. III. p. 309, o. fig. — Id. Habesch, p. 329. — Reichenow, Cab. Journ. 1873, p. 214. — Usher, Ibis 1874,

p. 65. — Antin. et Salvad. Viagg. Ucc. p. 124. — A. Brehm, Gartenl. 1872, p. 456.

2. Ph. Verreauxi, Boc.

Colores ut in Ph. leucogastro, cui simillimus. Differt: colli postici, interscapulii, scapularium et uropygii plumis macula anteapicali transversa nitide chalybeo-cyanea, marginibus apicali-purpurascente-violaceis; rectricis extimae pogonio externo, parte apicali excepta, pure alba. Iris flavissima.
Foem. Vix a Ph. leucogastro distinguenda, sed mandibula basi pallida.
Long. 17—18 cent.

Die Beschreibung nach schönen Exemplaren der Bremer Sammlung aus Angola. Sieben andere konnten wir in der Sammlung R. B. Sharpe's untersuchen. Das Weiss auf der Aussenfahne der äusseren Schwanzfeder ist für diese neue Art im hohen Grade characteristisch. Bei manchen Exemplaren ist dasselbe durch Abreibung beinahe ganz verschwunden; die Aussenfahne der ersten Schwinge weiss, mit Ausnahme des Spitzentheils; bei der zweiten beschränkt sich dieses Weiss auf die Basalhälfte; noch weniger zeigen davon die dritte und vierte. Der Schnabel erschien uns bei Ph. Verreauxi in etwas kürzer und gedrungener, als bei Ph. leucogaster. Beim Weibchen erscheint die Fleckung der Unterseite besonders kräftig und dunkelschwarz; der Grund, auf dem diese Flecken stehen, ist auf der Kehlgegend hellröthlichbraun, auf Brust und Bauch glänzend weiss; auf den weissen Unterschwanzdecken stehen einzelne dunkle Längsflecken; die Innenfahne der Cubitalschwingen mit deutlich broncegrünlichem Metallglanz; an der Basis des Unterkiefers ein heller Fleck. Iris hellchromgelb.

rostr. a fr.	al.	caud.	tars.	
11 m.	11 c.	7 c.	17 m.	(*m.* Damaral.)
11½ m.	11 c.	6 c.	20 m.	(*m.* Ondonga)
11 m.	11 c.	7 c.	18 m.	(*m.* Ondonga)
11 m.	11 c. 1 m.	6 c.	21 m.	(*m.* Angola)
11 m.	10 c. 3 m.	5 c. 3 m.	20 m.	(*f.* Angola)

Das Wohngebiet dieser Art erstreckt sich über Angola, Benguela und Damaraland. Die von Anchieta an das Museum in Lissabon eingesandten Exemplare stammen zum Theil von Caconda. Im Damaralande traf Andersson dieselbe sehr zahlreich. Sie ist dort migratorisch, erscheint im Beginn der Regenzeit und verzieht sich mit einbrechender Dürre. — Noch keine Abbildung. — Es war ohne Zweifel diese Art, die Monteiro in Angola sammelte. Ein dort in einer Schlinge gefangenes Exemplar frass nur Beeren.

Syn. Pholidauges leucogaster, Gurn. Birds of Dam. Proceed. Z. S. 1864, p. 3. — Anderss. Ib. p. 6. — Chapm. Trav. S. Afr. App. p. 404. — Ph. Verreauxi, Bocage in Finsch & Hartl. Vög.

Ostafr. p. 867. — Cinnyricinclus Bocagei, G. R. Gray, Handl. II. p. 25. — Cinnyr. Verreauxi, Gurn. B. of Dam. p. 156 (NB.!)

Genus Notauges, Cab.

Cab. Mus. Hein. I. p. 198.

Rostrum mediocre, rectiusculum, subcompressum, emarginatum, gracile, naribus rotundatis, apertis. Vibrissae evidentes.

Alae longiusculae, caudae dimidium superantes; remigibus 2—4 subaequalibus, caeteris longioribus.

Cauda subrotundata vel rotundata, longiuscula vel mediocris.

Pedes robusti, magni; digitus internus et externus subaequales; ungues longi.

Ptilosis minus nitida. Maculae holosericeae alarum in nonnullis desunt.

4 species.

a. Notauges s. str.

Minores. Maculae holosericeae alarum.

1. N. superbus, Rüpp.

Capite chalceo-fusco; gula, collo, pectore superiore, interscapulio et cauda virescente-caeruleis, nitore chalybeo; tergo et alis nitide aeneo-viridibus, his duabus seriebus macularum holosericeo-nigrarum; fascia pectorali latiuscula, crisso et subcaudalibus albis; subalaribus minoribus dilute aeneis, majoribus pure albis; rostro nigro, pedibus fusco-nigris. Iris albida.

Alt. Scheitel und Kopfseiten dunkelbraun mit Goldglanz, der in der Ohrgegend am schönsten; ein Zügelfleck vor dem Auge dunkel sammetschwarz; Kropf und die Umgebung des Braunen stark blauschillernd; Deckfedern der Schwingen 2. Ordnung und die erste Reihe der oberen Flügeldecken mit grossen rundlichen sammetschwarzen Spitzenfleck; die inneren Flügeldecken reinweiss, nur die kleineren längs des Randes grünlich; die broncegrünen Schwanzfedern erscheinen unter gewissem Lichte bläulich gewellt.

Nach Heuglin ist bei manchen Exemplaren Hals und Nacken ganz stahlblau mit Kupferschilder, Brust und Rücken stahlblau, mit wenig Erzgrün. Ein jüngeres Exemplar zeigte die weissen Unterschwanz- und Innerflügeldecken zum Theil rothbraun überlaufen und gerandet. Männchen und Weibchen sind in der Färbung nicht verschieden. Rüppell's Angabe, dass die Iris braun, ist irrthümlich. Dieselbe ist nach Heuglin immer weisslich mit einem Strich in's Grüne oder Gelbliche. V. d. Decken nennt den Schnabel „gelbbraun" und die Augen „blau", was auf die bläuliche Trübung nach dem Tode hindenten mag.

Long.	ca. rostr. a fr.	al.	caud.	tars.	
18 c.	17 m.	12 c. 2 m.	8 c. 3 m.	3 c.	(Ad. Coll. Sharpe)
	16 m.	11 c. 7 m.	7 c. 5 m.	3 c.	(Ad. Mus. Brem.)
20 c.	17—18 m.	12 c. 2 m.	6 c. 8 m.	28—29 m.	(Heugl.)

Es ist diese prachtvolle Art in Sammlungen nicht mehr selten. Die werthvollste Auskunft über dieselbe danken wir Heuglin. Sie bewohnt das Somalplateau bis zum 7. Grade S. Br. herab (Speke), das Hochland von Schoa (Harris, Rüppell's „Jäger"), den Bahr-el-Abiad und den obern Djur (Heuglin), das Suaheliland, bei Kisuani und Usanga (v. d. Decken). Brehm's Angabe, diese Art trete unter dem 10. Grade am weissen Nil einzeln auf, erklärt Heuglin für falsch. Man treffe sie hier niemals nördlich vom 7. bis 8. Gr. N. Br., also erst südlich von der Sumpfregion, welche in jener Gegend die scharfe Nordgrenze so vieler centralafrikanischer Wirbelthiere bilde. Speke traf N. superbus auch unter 6—7. Gr. S. Br.

Der Prachtglanzstaar lebt nach Heuglin in kleinen Gesellschaften auf Viehtriften und in der Waldregion. Er scheint Strichvogel zu sein. Heuglin beobachtete ihn nur während der trockenen Jahreszeit bis zum April, im Gebüsch, auf Hochbäumen oder auf der Erde. Gern kokettirt er mit seiner Farbenpracht im Sonnenlichte. Die weissen Unterflügeldecken machen ihn schon im Fluge leicht erkenntlich. Insecten scheinen die Hauptnahrung auszumachen. Im Somalilande folgen zahlreiche Flüge dieses Vogels den Viehheerden, woher sein Name bei den Eingeborenen „Shimberload" oder Kuhvogel.

Syn. Lamprotornis superba, Rüpp. Syst. Uebers. p. 65, t. 26. (fig. opt.) — Heugl. Syst. Uebers. No. 353. — Notauges superbus, Cab. Mus. Hein. I. p. 198. — Blyth, Birds fr. Som. Country: Journ. As. loc. Beng. 1856, p. 301. — Lamprocolius superbus, Bp. Consp. I. p. 416. — Chenu Enc. Ois. V. p. 162. — Heugl. Faun. d. Roth. M. No. 149. — Id. Cab. Jonrn. 1863, p. 22; ib. 1869, p. 7. — Lefeb. Ois. d'Abyss. p. 108. — Juida superba, G. R. Gray, Gen. of B. II. p. 327. — Id. Handl. II. 25. — Sclat. Coll. Som. Country (1860), p. 12. - Id. Ibis II. p. 245. — A. Brehm, Thierl. III. p. 308 c. fig. — Heugl. Orn. N. O. Afr. p. 517. — Finsch et Hartl. Vög. O. Afr. p. 378. — Cab. v. d. Decken Reise III. p. 33. — Grant, Summ. Obs. Equat. Afr. p. 81.

2. N. chrysogaster, (Gm.)

Pileo, capitis lateribus mentoque cinerascente-fuscis; gutture, pectore et corpore supra obsolete aeneo-virentibus; uropygio et cauda magis caerulescentibus; axillis viridibus; subalaribus, abdomine, tibiis et subcaudalibus laete rufis; remigibus pogonio interno isabellinis, externo et apice late nigricantibus; maculis alaribus nullis; rostro et pedibus nigris vel nigricantibus; Iris dilute flava vel albida.

Foem. adulta a mare vix diversa.

Jun. Supra fuscus, nitore aeneo, subtus totus rufus; cauda subcaerulescente; rostro flavido, culmine et apice fuscescente. Iris fusca.

Long. circa 20—21 cent.

Beim alten Vogel sind Kehle, Brust und Oberbauch grünlich, mit bräunlichem Schiller; Zügelfleck vor dem Auge schwärzlich; die grösseren Unterflügeldeckfedern zimmtroth, die kleinen braun und grünlich gemischt; untere Schwanzdecken zimmtroth; die letzten Cubitalschwingen verschossen grünlich, wie gewellt; die übrigen braun und, mit Ausnahme des Spitzendritttheils, auf der Innenfahne hellisabellfarbig; der Kopf braun; die mittleren Schwanzfedern bläulich gebändert, die übrigen auf der Innenfahne braun; das Braun des Scheitels zeigt unter gewissem Lichte etwa Lilaschiller; am bläulichsten die Steuerfedern und der Afterflügel.

Je jünger der Vogel, um so spärlicher das Metallgrün der Oberseite, die überall den graubräunlichen Grund erkennen lässt. Ein junger Vogel vom Gambia ist oben rein hellbräunlich und untenher nur etwas heller und verschossen röthlicher; Flügel und Schwanz deutlich metallgrünlich glänzend; Schnabel rein gelblich. Jesse nennt die Iris weiss, Blanford: gelblichweiss.

Rostr. a fr.	al.	caud.	tars.	
16 m.	11 c. 7 m.	7 c. 5 m.	3 c. 3 m.	(Alt. Abyss. Coll. Sh.)
16½ m.	11 c. 5 m.	7 c. 3 m.	3 c. 2 m.	(Alt. Sennaar. Coll. Sh.)
17 m.	12 c.	7 c. 6 m.	3 c. 2 m.	(Etw. jünger: Bejook)
16 m.	10 c. 6 m.	7 c. 6 m.	2 c. 9 m.	(Eylet: Jesse)
16 m.	11 c. 3 m.	7 c.	3 c.	(Eylet: Jesse)
15 m.	10 c. 7 m.	7 c.	2 c. 7 m.	(Jünger. Gambia)
16 m.	10 c. 8 m.	7 c. 3 m.	3 c.	(Sehr alt. Ostafrika)
16 m.	11 c. 3 m.	7 c.	3 c. 1 m.	(Jung. Weibch. Ostafr.)

Es ist diese von mir in zahlreichen Exemplaren untersuchte Art weit über N. O. und W. Afrika verbreitet; im Nilgebiete reicht ihre Nordgrenze etwa bis zum 20. Gr. N. Br. für Nordostafrika, wo N. chrysogaster der häufigste Vertreter seiner Familie ist, nennt Heuglin: Sambar, das abyssinische Tiefland bis auf 6000 Fuss Meereshöhe, Takah, Südnubien, Sennaar und Kordofan. Auf der Westküste scheint er südwärts nur wenig über den Gambia hinauszugehen. Gemein an den Flüssen Senegambiens. Wir sahen zahlreiche Exemplare vom Casamanse und von Bissao. Sein Vorkommen im Innern Südafrika's (A. Smith) ist uns höchst zweifelhaft.

Die Lebensweise schildern Heuglin, Brehm, Blanford, Antinori und Andere. Meist in kleinen Familien auf Viehweiden und in der Steppenlandschaft, seltener in der eigentlichen Waldregion. Sedentär. Das Brutgeschäft fällt in die Regenzeit bis zum October hin. In den Steppen stösst man zuweilen auf grössere Strecken von Buschwald mit zahlreichen Nestern von N. chrysogaster. Diese sind gross, äusserlich aus schwarzen dürren Reisern, innen mit Halmen u. s. w. ausgefüttert. — Drei bis vier feinschalige, hell grünbläuliche bis dunkel spangrüne Eier mit zahlreichen graublaulichen, violettbraunen und rostfarbigen Flecken, die am stumpfen Ende meist dichter stehen. Ihre Länge beträgt 25 m., die Dicke 18 m. (Heugl.) — Blanford traf den Vogel zahlreich um Ailat, Ain u. s. w. am Fusse der Hügel und in den Thälern des Lebka und Anseba. Kleine Gesellschaften sah man am Boden nach Insecten suchen, oft in Gemeinschaft mit Lamprocolius chalybeus, der ganz ähnlich lebt. Jesse nennt die Lebensweise staarenartig. Er fand im Magen nur Coleoptewen. N. chrysogaster scheint sehr von Parasiten zu leiden. Auch der Gesang ist nach A. Brehm staarenartig. Beim Nahrungsuchen, Rennen oder Fliegen schreit und lärmt die ganze Gesellschaft durcheinander. Der Gang ist nach Brehm der unserer Singdrossel, der sie auch darin ähneln, dass sie, verfolgt, immer auf kleine Strecken dahinfliegen, in einem Busch sich bergen, hier den Verfolger erwarten und weiter eilen, sobald er naht.

Nach Antinori in Bogos Standvogel. Nistet dort im Buschwalde oder auf höheren Büschen. Um die Mitte des Juni nistete ein Pärchen in dem Zaun der Seriba, die Antinori sich dort hatte errichten lassen. Immer in der Nähe der Dörfer. Wenn die Negerhirse reif ist, stürzen sich Schaaren dieser Vögel auf die Pflanzungen, die Büschel herabbiegend, um Insecten darin zu erwischen. Um sich ihrer zu erwehren, errichten die Bogos inmitten der Felder 8—10 Fuss hohe Gerüste, von welchen aus sie ohne Unterlass Steine auf diese Vögel schleudern.

Syn. Turdus chrysogaster, Gm. L. p. 835. — Lath. J. O. I. 350. — Merle à ventre orangé du Senegal: Buff. Pl. enl. 358. av. jun. — Rustbellied Glossy Thrush, Lath. Gen. Hist. v. 63. — Lamprotornis chrysogaster, Licht. Doubl. p. 18. — Turdus erythrogaster, Bodd. — Hempr. Ehrenb. Symb. Phys. Av. dec. I. fol. 7. — Lampr. rufiventris, Rüpp. Neue Wirb. Abyss. Vög. t. 11, fig. 1. p. 24 und 27. — Swains. Westafr. I. p. 151. — Hartl. Syst. Orn. Westafr. p. 120. — Lamprocolius chrysogaster, Bp. Consp. I. 415. — Juida chrysogaster, G. R. Gray. — Notauges chrysogaster, Cab. Mus. Hein. I. 198. — Hartl. Cab. Journ. 1859, p. 26. — Heugl. Cab. Journ. 1863, p. 9; 1867, p. 94; 1869, p. 22. — Id. Orn. N. O. Afr. p. 518. — v. König Warth. Neottol. Stud. No. 53. — A. Brehm, Thierl: III. p. 308. — Id. Habesh, p. 327. — Blanf. Observ. Abyss. p. 397. — Finsch et Jesse, Transact. Zool. Soc. VII. p. 258. — Antin. Cat. descr. p. 61. — A. Smith, S. Afr. O. J. II. p. 134. — Lay. B. of S. Afr. p. 172. — Juida pulchra, G. R. Gray (nach St. Müller) Handl. II. p. 25. — Antin. et Salvad. Viagg. Ucc. p. 126.

b. Spreo, J. Verr.

Chen. Desm. Encycl. Ois. p. 164.

Majores. Rostrum longius, pedes maximi, alae longae, cauda elongata.

3. N. bicolor, (Gm.)

Dilute aeneo-fuscescens, nitore nonnullo cupreo vel virescente; cauda distinctius virente; remigibus cubitalibus conspicue cupreo-splendentibus; pileo fusciore; remigum majorum pogoniis internis pallide fuscescente-albidis, scapis albis; abdomine imo, crisso et subcaudalibus albo-isabellinis; cruribus et subalaribus fuscis; rostro et pedibus nigris, mandibulae basi et rictu carneo-labroso flavidis. Iris helvola.

Foem. Vix diversa a mare, sed omnino obsoletius tincta; caruncula rictali minus conspicua.

Jun. Pallide fusco-variegatus.

Long. circa 28 cent.

Nur geringe Unterschiede in der hellbroncebraunen Färbung der einzelnen Exemplare. Der metallische Schiller der mittelbraunen Steuerfedern zieht mehr oder weniger in's Bläuliche; in der Regel ist er broncegrünlich. Die inneren Flügeldecken mittelbraun; die Schäfte der Schwingen 1. Ordnung von der Basis bis zur Mitte weiss, dann allmälich braun, ebenso das Spitzendrittel derselben; die Armschwingen sind ganz braun. Die Farbe des Oberkopfes nach der Stirn zu etwas dunkler werdend. Schäfte der Steuerfedern schwärzlich.

Bei jüngeren Vögeln erscheinen die Federn des abdomen fein heller gerandet.

rostr. a fr.	al.	caud.	tars.	
2 c. 1 m.	15 c. 3 m.	10 c.	3 c. 8 m.	(Alt. Transv. Coll. Sh.)
2 c. 2 m.	15 c. 9 m.	10 c. 3 m.	3 c. 7 m.	(Alt. Layard: Coll. Sh.)
2 c.	14 c. 3 m.	9 c. 8 m.	3 c. 3 m.	(Alt.Cap Town.Anders.)
2 c. 1 m.	15 c.	10 c. 3 m.	3 c. 5 m.	(Cap Town: Anders.)
2 c.	14 c. 6 m.	9 c. 6 m.	3 c. 5 m.	(Südafr. Lay. Coll. Sh.)
2 c. 1 m.	15 c. 6 m.	10 c.	3 c. 7 m.	(Alt. Brem. Samml.)

Auf Südafrika beschränkt, aber westlich vom Ngamisee und nördlich vom Orangefluss schon nicht mehr anzutreffen. Die eigenthümliche Färbung, an welche nur N. albicapillus erinnert, der lange, schlanke, gestreckte Schnabel mit dicklippigem Mundwinkel, die sehr kräftigen grossen Füsse, die langen Flügel und der ebenfalls stark verlängerte Schwanz, das Alles scheint zu subgenerischer Sonderung von N. chrysogaster und superbus aufzufordern und in der That haben J. Verreaux und nach ihm Chenu und Desmars diese Abtrennung unter dem Namen Spreo vorgenommen. Schon Levaillant hebt als ungewöhnlich hervor, dass bei dieser Art der jüngere Vogel den Alten an Schönheit übertreffe.

Ueber die Lebensweise dieser Art belehren uns Levaillant, Barrow, Thunberg, Layard, Andersson und Andere. Hauptsächlich auf Viehtriften anzutreffen, einmal um den Insecten nachzugehen, die sich auf dem Mist zu sammeln pflegen, dann aber auch, um dem weidenden Vieh die Parasiten abzusuchen. Im Winter vereinigen sich kleine Schaaren, dicht gedrängten Fluges laut und wiederholt zirpend. (Levaillant nennt den Stimmlaut ein staarenartiges Geschrei.)

Zur Brutzeit sondern sie sich zu Paaren und suchen Felsen oder Gebäude auf, um dort in Spalten oder Höhlungen ihr aus Reisern, zarten Halmen und Fasern construirtes Nest zu placiren. Die Eier, 4—5, sind schön hellblau, manchmal schwach bräunlich gefleckt am stumpfen Ende. Die Länge derselben beträgt

1″ 2‴, die Breite 10‴. Sie bauen auch wohl an den Abhängen der sluitjes genannten auf dem Boden der Colonie so häufigen Wasserfurchen, wobei sie sich Löcher in den Lehm einwühlen. Die Novara-Expedition erlangte ein Weibchen dieses Vogels in der Simonsbai, wo derselbe gemein aber sehr scheu war. Das Nest wurde aus einer Eisvogelhöhle in dem Lehmufer einer kleinen Bucht der Simonsbai genommen. Brütet zahlreich in Felsspalten bei Elsey-Peak, Fish-Hook-Bay, Meyenburg u. s. w. Die Eier von gestreckterer Form als bei Thienemann und die Flecken darauf viel kleiner. Auf zwei derselben sind sie kaum zu bemerken. Längsdurchmesser 12½‴; Querdurchmesser 8½‴ (Zelebor). Ihr Betragen und namentlich auch der Gesang hat viel staarenartiges. Nach Andersson wird N. bicolor zur Zeit der Traubenernte den Weingärten im hohen Grade gefährlich. Auch bemächtigt er sich gern der Nester fremder Vögel zu eigenen häuslichen Zwecken, namentlich derer von Spechten, Bienenfressern und Schwalben. Unter den Viehheerden treiben sich gelegentlich ungeheure Schaaren umher. Die Brüder Chapman trafen diese Art noch auf dem Gebiete der Seen an.

Syn. Merle brun du C. d. b. Esp. Buff. Ois. III. p. 378 – Turdus bicolor, Gm. S. N. I. 835. — Lath. J. O. I. 350. — Id. Gen. Hist. V. 67. — Sturnus bicolor, Daud. — Le Spreo, Lev. Ois. d'Afr. II. p. 155, pl. 88. — Sundev. krit. Framst. Levaill. p. 33. — T. gryllicorus, Barr. Trav. p. 255. — Thunb. Tr. II. p. 48. — Lamprotornis bicolor, Licht. Doubl. p. 18. — Spreo bicolor, Bp. Consp. I. 416. - Notauges bicolor, Cab. M. Hein. I. 198. — L. albiventris, Swains. Menag. p. 297. — H. Boie, Briefe aus Ostind. p. 57. — Gurn. et Anderss. B. of Damara, p. 161. — Lay. B. of S. Afr. p. 172. — Grill, Vict. Zool. Anteckn. p. 37. — Thienem. Eier t. XXXVIII. fig. 9. a. b. — v. Pelz. Vög. Novar. Exp. p. 87.

4. N. albicapillus, Blyth.

Supra olivaceo-virescens, nitore nonnullo metallico; pileo toto, crisso, hypochondriis postice, tibiis, subcaudalibus, axillaribus et subalaribus pure albis; corpore inferiore reliquo in fundo obscure virescente albido-striato; remigibus cubitalibus pogonio externo pro maxima parte sordide albis, maculam majorem formantibus; rectricum et remigum marginibus externis metallice virentibus; rostro et pedibus nigris. Iris alba.

Long. circa	rostr. a rict.	al	caud.	tars.
11″	1$^{3}/_{16}$″	6¼″	4¾″	1⅜″

Beschreibung und Maasse nach Blyth, dem einzigen europäischen Ornithologen, dem das eine bekannte Exemplar dieses Vogels in der Sammlung der Asiactic Society of Bengal in Calsutta untersuchen zu können vergönnt war. Auf der augenscheinlich mit Sorgfalt ausgeführten Abbildung im Ibis erkennt man einen dunklen Zügelfleck vor dem Auge; die Federn des Oberkörpers scheinen an der Basishälfte braun zu sein; die Innenfahne der Primärschwingen ist braunschwarz; ebenso die letzten Cubitalschwingen. Das Weiss des Oberkopfes erstreckt sich auch über den Hinterkopf.

Trotz der entschieden aberranten Färbung möchten wir diese Art als zu Notauges gehörig betrachten. Der Schnabel ist etwas gedrungener als bei N. bicolor; die Tarsen scheinen kürzer als bei diesem zu sein.

Speke und Burton erbeuteten das hier besprochene Exemplar auf dem Binnenplateau des Somalilandes, wo der Vogel schaarenweise lebt und unter dem Namen „Planagur" bekannt ist.

Syn. Spreo albicapillus, Blyth Journ. As. Soc. of Beng. vol. 24, p. 501. — Hartl. Westafr. p. 276. — Notauges albicapillus, Id. Cab. Journ. 1859, p. 28. — Sclat. Collec. Som. Country (1860) p. 12. — Id. Ibis 1860, p. 246, t. 7. — Heugl. Faun. d. Roth. M. No. 150. — Id. Orn. N. O. Afr. p. 520. — Finsch et Hartl. Vög. O. Afr. p. 379.

B. *Moriones.* (Unächte Glanzstaare.)
Nigri, nitore chalybaeo; remigibus ex parte rufis.

Genus Onychnognathus, Hartl.
Rev. zool. 1849, p. 495.

Rostrum capite longius, robustum, valde compressum, grypanium, culmine arcuato, basi complanato-rotundato; apice acuto, elongato, uncinato; naribus apertis oblongis.

Alae breviusculae, caudae basin vix superantes, rotundatae; remige prima spuria; tertia, quarta et quinta caeteris longioribus, subaequalibus; remigum cubitalium ultimarum et tectricum majorum pogoniis externis fascia mediana, longitudinali, holosericea ornatis, margine subdecompositis, laxis, quasi fimbriatis, dependentibus.

Cauda longa, valde gradata, rectricibus angustatis, debilibus, apice acuminato-rotundatis.

Pedes breviusculi, robustissimi; digito interno et externo subaequalibus, illo parum breviore; unguibus magnis, validis, postico validissimo.

Ptilosis sericea.

1. O. fulgidus, Hartl.

Major; niger nitore violascente resplendens; capite et collo aeneo virentibus; pileo nitore nonnullo chalybeo; alae superficie externa aeneo-virescente; remigibus primariis et secundariis a basi altra dimidium intense castaneis, scapis nigris; primae pogonio externo nigro; subalaribus nigris; cauda elongata et valde gradata nigra, supra aeneo-resplendente; rosto nigro fusco; pedibus nigris. Iris rubra.

Long. circa 38 cent. — rostr. a fr. 4 cent. — a rict. 4 c.

3 m. — al. 16 c. 5 m. — caud. 18 c. 2 m. — tars. 32 m. — dig. med. c. ung. 32 m.

Foem. Minor; coloribus a mare vix distinguenda, exceptis capite et collo cinerascente longitudinaliter variegatis.

Long. circa 36½ cent. — rostr. a fr. 34 m. — al. 16 c. 2 c. — caud. 17½ cent. — tars. 28 m.

Wir beschrieben diese ausgezeichnete neue Form der sich um Amydrus gruppirenden Vögel im Jahre 1849 nach Exemplaren, welche der Hamburger Carl Weiss an das Museum seiner Vaterstadt eingesandt hatte. Seitdem sind noch einige andere Sammlungen in den Besitz derselben gelangt. Wir konnten sechs Exemplare untersuchen, die sich in nichts von dem beschriebenen unterscheiden. Die Abbildung in den Abhandlungen des naturwissenschaftlichen Vereins in Hamburg lässt viel zu wünschen übrig. Männchen und Weibchen in der Bremer Sammlung. Auch in Stuttgart und London.

Bis jetzt nur auf der Insel St. Thomé gefunden. (Weiss. Gujon.) Steht im Systeme Oligomydrus zunächst, an welchen die Schnabelform wenigstens am meisten erinnert. Auch der stark abgestufte Schwanz ist beiden Formen eigenthümlich. Dagegen scheint uns die höchst eigenthümliche Structur der letzten Armschwingen, an welche eine verwandte Bildung bei Lamprotornis Burchelli erinnert, zu generischer Abtrennung zu berechtigen. Die Metallfarben sind bei dieser Art sehr eigenthümlich und erinnern zumeist an Lamprocolius melanogaster.

Die Stimme bezeichnet Weiss als hellen kräftigen Laut oder als ein oft wiederholtes pfeifendes tui, tui, tui.

Syn. Onychognathus fulgidus, Hartl. Rev. zool. 1849, p. 495. pl. 14. fig. 2. 3. — Id. Beitr. Orn. Westafr. (Abh. Hamb. Naturw. Ver. II.) p. 52, t. 7. — Id. Syst. Orn. Westafr. p. 115. — Id. Monogr. Lampr. Cab. Journ. 1859, p. 35. — Jconognathe, Chenu et Desm. Encycl. Ois. VI. pl. 3, fig. 4.

2. O. Hartlaubii, G. R. Gray.

Minor; chalybeo-niger, nitore nonnullo violascente; capite viridi-aeneo-resplendente; remigibus primariis nigris, a basi altra medium intense rufis; alarum plumis reliquis et rectricibus margine conspicue aeneo-virescentibus; scapularibus et tectricibus minoribus dorso concoloribus; subalaribus nigris, nitore chalybeo; subcaudalibus nigris; rostro fusco; pedibus nigris. Iris rubra.

Foem. Colores omnino obsoletiores. Capitis et colli plumis cinerascente-marginatis. (Mus. Brit.)

Alt: Schwarz mit dunkelviolettem Metallglanz; Kopf und Hals mehr grünlich schillernd, namentlich der letztere, die Federn des Hinterhalses schmal, lancetförmig; untere Schwanz- und Flügeldecken schwarz; Handschwingen schwarz, zu ⅔ von der Basis aus rostroth, die erste auf der Aussenfahne schwarz. Die Schäfte sämmtlich schwarz; das Rostroth erscheint auf der Innenfahne nach dem Rande zu heller, mehr zimmtfarben; das

Schwarz des Spitzentheils der Schwingen ist auf der ersten am ausgedehntesten und nimmt dann auf jeder folgenden an Ausdehnung ab. Armschwingen schwarz, wie bei O. fulgidus mit sammtartiger Längsbinde vor den zerschlissenen Randfahnen; Schwanzfedern schwärzlich, untenher mehr in's Braune, am Aussenrande dunkel grünlich schillernd; die mittleren ganz so schillernd. (Mus. Sharpe.)

Weibchen: Kopf und Hals auf graulichem Grunde dicht schwarzgrünlich längsgefleckt, die einzelnen Federn längs der Mitte von letzterer Farbe, am Rande graulich. Iris roth. (Coll. Sharpe und Berl. Mus.)

Jüngeres Weibchen: Auf dunkel schwärzlichem Grunde erscheint in unregelmässiger Fleckung das metallische Blauschwarz. Kehle stark dunkelgrau gemischt. Flügel wie beim alten Vogel. Iris rothgelb, (Berl. Mus. Reichenow.)

Long.	rostr. a fr.	al.	caud.	tars.	
28—30 c.	27 m.	12 c. 2 m.	11½ c.	25 m.	(ad. Brit. Mus.)
	27 m.	12 c. 2 m.	12 c.	25 m.	(ad. Fantee)
	30 m.	13 c. 2 m.	15½ c.	26 m.	(ad. Cameroons)
	30 m.	13. c.		25 m.	(ad. Fantee)
26 c.	26 m.	12 c. 3 m.	14 c.	26 m.	(f. ad. Camer.)
27 c.	25 m.	12 c.	11 c. 5 m.	24 m.	(juv. Fantee)

Hab. Fantee: Whitely, Higgins, Swanzy; Aquapim und Cameroons: Reichenow; Fernando Po: Brit. Mus. (?) — Aquapim: Riis.

Wir konnten 9 Exemplare dieser in Sammlungen noch sehr seltenen Art untersuchen, nämlich 2 im Brit. Museum, 3 in der Sammlung R. B. Sharpe's, 3 im Berliner Museum und 1 in der Bremer Sammlung. Die Beschreibung nach einem Prachtexemplar des alten Männchens von Dr. Reichenow. — Der bedeutende Unterschied in der Grösse und die Schnabelform kennzeichnen diese Art auf dem ersten Blick. Dieser letztere ist zwar auch lang und gestreckt, aber weit weniger kräftig und ohne jene hakige Herabkrümmung der Spitze des Oberkiefers, wie sie O. fulgidus in so auffallendem Grade zeigt. Die eigenthümliche Structur der Armschwingen ist bei beiden Arten dieselbe. Die Füsse sind wie bei fulgidus ungemein kräftig. O. Hartlaubii ist eine weniger typische Art.

Von Reichenow in Aburi angetroffen. Kleine Schaaren trieben sich in den hohen Baumkronen umher, Insecten und Beeren suchend.

Syn. Onychognathus Hartlaubii, G. R. Gray, Proceed. Zool. Soc. of Lond. 1858, p. 191. — Hartl. Cab. Journ. 1859, p. 36. — Sharpe, Ibis 1869, p. 384. — Lamprotornis morio, Reich. Cab. Journ. 1873, p. 214.

Genus Amydrus, Cab.

Cab. Mus. Hein. p. 201.

Rostrum mediocre, satis robustum, emarginatum, rectiusculum vel subarcuatum, culmine carinato, arcuato, naribus apertis. Alae breviusculae, subrotundatae, remigibus 3—4 subaequalibus, longioribus. Cauda subelongata, subaequalis; rectricibus apicem versus angustatis. Pedes magni, robusti; tarsus longiusculus; unguibus validis, magnis. Ptilosis sericea, nigra, nitore nonnullo metallico; remigibus primariis ex parte rufis.
5 species.
Africa mer. or. et occid. Arabia. Palaestina.

1. A. morio, (L.)

Splendide nigro-chalybeus; alis et cauda in aeneum vergentibus; capite et collo nitore nonnullo virescente; subalaribus chalybeo-nigris; remigibus primariis intense ferrugineo-rufis, apice oblique nigricantibus, scapis dilute rufis; rictu holosericeo-nigro; rostro et pedibus nigris. Iris fusca, circulo externo coccineo.
Foem. Minor. Capite et collo sordide cinereis, nigricantestriatis vel longitudinaliter maculatis.
Jun. av. Omnino magis aeneo-virescens; subtus fusca, nitore nonnullo aeneo: nigredine apicali remigum prim. magis extensa; dorsi plumis colore metallico-caerulescente latius marginatis.
Long. tot. circa 34 cent.
Auf der ersten Schwinge ist das Schwarz der Spitze über ein Drittel der ganzen Länge ausgedehnt, aber blasser. Auf den folgenden sind die schwarzen Spitzenflecke dunkler, viel kleiner und circumscripter. Ein junges Exemplar in der Sammlung R. B. Sharpe's ist unten ganz braun mit sehr wenig Metallglanz und oben scheint der braune Grund überall durch.

rostr. a fr.	al.	caud.	tars.	
26 m.	15½ c.	16 c. 3 m.	31 m.	(m. ad. Mus. Br.)
25 m.	15 c.	16 c.	29 m.	(f. ad. Mus. Br.)
28 m.	15 c.	13 c.	30 m.	(m. ad. Coll. Sharpe)
25 m.	14 c.	11 c. 5 m.	30 m.	(f. ad. Coll. Sharpe)

Das Vaterland dieser in Sammlungen sehr gewöhnlichen Art ist Südafrika vom Cap an bis über die Grenzen der Colonie hinaus. Dieselbe ist wenigstens 8 Monate im Jahr in der Umgebung der Capstadt ansässig (J. Verr.). Die Angabe „Aquapim: Riis" in unserer Monographie dieser Gattung war eine irrthümliche und bezieht sich auf Onychognathus Hartlaubii.

Die Lebensweise schildern uns neuerlich Ayres und Layard. Der Rooivlerk spreo der Colonisten lebt gewöhnlich schaarenweise; nur in der Brutzeit sondern sich die Paare. Die Nahrung besteht in kleinen Früchten verschiedener Art. Besonders lieben sie Weintrauben und Maulbeeren. Ayres sah sie die Jungen wie Tauben aus ihrem Kropfe füttern. Die Stimme ist ein lautes Pfeifen. W. Gueincius erwähnt das „dohlenähnliche" Stimmengetümmel eines dahinziehenden Schwarms. Der Vogel erscheint an gewissen Orten in Menge, wenn dort gerade irgend eine Lieblingsfrucht reif und in Fülle anzutreffen ist. Dann verschwinden sie wieder für längere Zeit. Dies wissen die Pächter und Weinbauer nur zu gut und tragen Sorge, die Feigen und Trauben vor ihnen zu schützen. Neben der Nachbarschaft von Gärten ist es dann aber auch die Meeresküste, wo man diese Vögel vorzugsweise antrifft. Man sieht sie dort, kleinen Crustaceen oder zerbrochenen Muscheln nachsuchend, auf den Felsblöcken umherhüpfen, unbekümmert um den sie nässenden Wasserstaub der Brandung. Sie nisten in Spalten abschüssiger Felswände und legen 4–5 blaue, spärlich braungefleckte Eier (Layard). Das Nest ist kunstlos aus kleinen Zweigen und allerlei vegetabilischem Abfall angefertigt und steht immer unmittelbar auf dem Boden. Eier grünlich mit bläulicher Fleckung: J. Verreaux.

Der Schwede Victorin traf A. morio im März sehr häufig um Knysna, wo dieser Vogel in den Gärten viel Schaden anrichtete. Am 29. April schon war er dort gänzlich verschwunden. Am 12. Mai belebten grosse Schaaren die nahe dem Meeresufer gelegenen Gebüsche der Plattenbergbay. Vom December bis Februar war er in der Karroo sehr gemein.

Syn. Turdus morio, L. S. N. I. 297. — Lath. J. O. I. 346. — Id. Gen. Hist. V. 52. — Merula cap. bon. spec. Briss. Orn. II. p. 200, t. 23, fig. 2. — Corvus rufipennis, Shaw. — Sturnus morio, Daud. — Le Jaunoir du Cap d. b. Esp. Buff. Pl. enl. 199. — Le Roupenne, Levaill. Ois. d'Afr. pl. 83 (m.), 84 (f.). — Encyclop. 663. — Lamprotornis morio, Licht. Doubl. Cat. p. 18. — Amydrus morio, Cab. Mus. Hein. 201. — Spreo morio, Bp. Consp. 416. — Hartl. Cab. Journ. 1859, p. 30. — Id. Syst. Orn. Westafr. p. 115 (ex parte). — L. rufipennis, Swains. Menag. p. 298. — Astrapia morio, Blyth Cat. Calc. Mus. p. 112. — Juida morio, Lay. Birds of S. Afr. p. 193. — Gurney, Ibis 1862, p. 28. — Grill, Zool. Anteckn. Vict. p. 37. — Thienem. Eier, t. XXXVIII. fig. 8. — Gueincius, Cab. Journ. 1873, p. 442.

2. A. Rüppelli, Verr.

Maximus; chalybeo-niger, alis et cauda nitore nonnullo aeneo-virescente; remigibus primariis intense ferrugineo-rufis, apice nigris; rostro et pedibus nigricantibus. Iris coccinea.

Differt ab A. morione: statura majore, cauda longiore, rostro robustiore, culmine magis arcuato; nitore rectricum medianarum distinctius aeneo, notaeo minus violascente.

Foem. Capite et collo fumoso-cinereis, dorsi colore striatis.

Long. circa 38 cent.

Die Zügel sind tief rauchschwarz; Armschwingen und deren Deckfedern, die Deckfedern der Handschwingen und die Schwanzfedern mit schwarzgrünlichem Schiller auf den Aussenfahnen; die erste rudimentäre Schwinge ganz schwarz. Das metallisch glänzende Spitzenschwarz der Primärschwingen erscheint auf der 2. und 3. blässer, verfliesst allmälich und erstreckt sich beinahe über das Spitzendrittel. Innere Flügeldecken tiefschwarz. Die schwarzen Schaftstriche auf Scheitel und Kopfseiten sehr schmal und dadurch undeutlicher.

Der junge Vogel ist mehr rauchschwarz oder tiefbräunlich, mit schwachem mehr oder weniger unregelmässig entwickeltem schwarzgrünen Metallschimmer. Nur wenig grünlicher Glanz auf den Flügeln; die erste rudimentäre Schwinge an der Basishälfte der Innenfahne zimmtroth, ebenso eine Querbinde auf den Deckfedern der Primärschwingen; das dunkle Ende der zweiten Schwungfeder weiter ausgedehnt und scharf abgesetzt von dem Rostrothen.

rostr. a fr.	al.	caud.	tars.	
28 m.	17½ c.	19 c.	33 m.	(Alt. Brem. Samml.)
30 m.	16 c. 4 m.	18 c.	35 m.	(Coll. Sharpe m. ad.)
28 m.	16 c. 8 m.	16 c. 5 m.	33 m.	(Coll. Sharpe f. ad.)
24 m.	15 c. 3 m.	14 c. 5 m.	30 m.	(Coll. Sharpe jun.)

Wir konnten sehr zahlreiche Exemplare sämmtlich abyssinischen Ursprungs untersuchen. Der Hauptunterschied dieser Art von A. morio besteht in der constant bedeutenderen Länge des Schwanzes und in der Form des Schnabels, welcher kräftiger und längs der Firste stärker gekrümmt erscheint. (Höhe des Schnabels an der Basis 12½ m., bei morio 10 m.) Die schwarze Endfleckung der Schwingen variirt bei A. morio und A. Rüppelli individuell sehr erheblich und verdient keine Geltung als specieller Unterschied.

Das Vaterland dieser Art ist Abyssinien und das Somaliland, wahrscheinlich auch Schoa. Heuglin beobachtete sie einzelner im südlichen Kordofan und in Fazoghlo, und zwar nur während und gleich nach der Regenzeit. Paarweise oder in kleinen Gesellschaften traf Heuglin den Vogel in felsigen mit Hochbäumen bestandenen Thälern oder auf Viehtriften. Er ist lebhaften und lärmenden Betragens. Zuweilen sieht man ihn elsterartig auf dem Boden umherlaufen. Blanford traf diesen Amydrus sehr zahlreich um Senafé und anderswo in Tigré. In der Regel bewohnten sie die Hochgebiete zwischen 7- und 8000 Fuss über d. M. Ein Exemplar wurde aber bei Suru, also etwa 2000 Fuss hoch, erlegt. Eine Hauptnahrung scheinen die Früchte von Ficus, von Iuniperus procera etc. zu sein. Nachts fallen grosse Schaaren zwischen den Felsen ein. Auch Jesse nennt diese Art höchst gemein auf dem Plateau von Senafé. Antinori begegnete einmal in der Nähe von Bogos einer kleinen Schaar dieser Vögel. In einzelnen Jahren sollen dort von September bis November grosse Massen erscheinen. Auch Heuglin traf sie im August und September im Tieflande des Bogos, im October

oder November in Hamedo. Immer waren es kleine dicht zusammenhaltende Flüge in abgelegenen waldigen Schluchten auf Hochbäumen.
Vergleichende Messungen bei Finsch & Hartl. Vög. Ostafr. p. 383 und bei Blanford l. c.
Beide Geschlechter alt und der junge Vogel in der Bremer Sammlung.
Syn. Lamprotornis morio, Rüpp. N. Wirb. p. 26 und Syst. Uebers. p. 71. — Amydrus Rüppelli, Verr. Compt. rend. 1851. — Chen. Desm. Encycl. Ois. V. p. 166. — Hartl. Cab. Journ. 1859, p. 31. — Heugl. Faun. des Roth. M. p. 24. — Id. Cab. Journ. 1863, p. 23; 1869, p. 12. -- Finsch et. Hartl. Vög. Ostafr, p. 382. — Heugl. Ornith. N. O. Afr. p. 524. — Pyrrhocheira Rüppelli, Horsf. et Moore, Cat. Mus. E. J. Comp. II. p. 546. — Blanf. Geol. Zool. Abyss. p. 398. — Finsch et Jesse, Transact. Z. Soc. VII. p. 259. — Antin. et Salvad. Viagg. Ucc. p. 127.

3. A. Blythii, Hartl.

Simillimus A. Rüppelli, sed diversus: statura majore; rostro breviore, altiore, culmine magis arcuato; alis et cauda longioribus; nigredine apicali remigum primariarum multo magis extensa; capite et collo in foemina pallide et pure cinereis, concoloribus.

Long. tot. circa 38 cent.

Der von uns zuerst erkannte Unterschied dieser Art von A. Rüppelli, unter welchem Namen Blyth dieselbe beschreibt, gilt jetzt als feststehend. Die schwärzliche Färbung der Handschwingen bedeckt circa 4½ cent. und ist scharf abgesetzt. Beim Weibchen sind der ganze Kopf und Hals einfarbig und sehr hell grau; beides sind constante Differenzen.

rostr. a fr.	al.	caud.	tars.
26 m.	17½ c.	20 c.	4 c. (*m.*)
22 m.	17 c.	18 c.	36 m. (*f.*)

Die Originalexemplare dieses Vogels im Museum der Asiat. Soc. of Bengal in Calcutta sammelte Speke im Somalilande. Blanford traf ihn zahlreich um Mayen in einer Höhe von 3—4000 Fuss in dem Passe unter Senafé (unfern der Bai von Adulis). Im Januar und Februar sah man grössere Flüge die Felsen umfliegen. Blanford stiess einmal auf einen nächtlichen Ruheplatz dieses Vogels. Es war in einer Schlucht, wo die Gewalt der Giessbäche eine Art Höhlung im Gestein ausgewaschen hatte und wo auch in der heissesten Jahreszeit noch etwas Wasser über die Felsen hinrieselte. Hier versammelten sich gegen Eintritt der Nacht Tausende dieser Amydrusart. Ihr Geschrei war betäubend, namentlich wenn ein Schuss abgefeuert wurde. Die Nahrung besteht nur in Früchten.

In dem hügelichen Theile des Somalilandes folgen diese Vögel, nach Speke, dem Rindvieh. Man sieht in der Regel Flüge von 6—7 Individuen.

Heuglin glaubt A. Blythi am Bio-Goré bei Berbera beobachtet zu haben.

Sym. Amydrus Rüppelli. Blyth Journ. As. Soc. of Beng. 1836, p. 300. — A. Blythi, Hartl. Cab. Journ. f. Orn. 1859, p. 32. — Heugl. Cab. Journ. f. Ornith. 1869, p. 14. — Id. Orn. N. O. Afr. p. 525. — Sclat. Rep. Coll. Som. 1860, p. 11. — Id. Ibis 1860. p. 245. — Heugl. Cab. Journ 1863, p. 23. — Finsch et Hartl. Vög. Ostafr. p. 867. — Blanf. Observ. Abyss. p. 399. — Finsch et Jesse, Birds of N. E. Abyssin. Transact. Z. S. VII. p. 325.

4. A. Tristramii, Sclat.

Splendide nigro-purpurascens, abdomine obscuriore; remigibus cubitalibus, tectricibus alarum, ala spuria et rectricibus nigris, late aeneo-viridi marginatis; remigibus primariis dilute ochraceo-fulvis, nigricante-fusco late terminatis, scapis nigris, extima eodem colore partim limbata; rostro fuscescente; pedibus nigris. Iris scarlatina.

Foem. Omnino magis fuscescens, nitore metallico minus conspicuo; capite fumoso-cinerascente, subunicolore, nucha et collo dorsi colore striatis; alis et cauda ut in mare pictis.

Long. circa 30 cent.

Genau verglichen lässt diese Art keine Verwechselung mit einer anderen zu. Wir konnten eine Anzahl von Exemplaren untersuchen, die kaum merklich von einander abwichen. Das Schwarz der Cubitalschwingen und der Flügeldeckfedern erscheint fast sammtartig. Die Verschmälerung der Aussenfahne der Primärschwingen, die erste ausgenommen, hört mit den Halbröthlichen auf. Diese Farbe ist sehr eigenthümlich. „The two patches on his wings shining like gold in the sunshine, as it passed over owr heads". Die blauschwarze Streifenzeichnung auf bräunlichem Grunde, die beim Weibchen Nacken und Hals einnimmt, verliert sich auf der Oberbrust.

rostr. a fr.	al.	caud.	tars.	
26 m.	15 c.	12 c.	34 m.	(m. ad. Brem. Samml.)
26 m.	16 c.	12 c.	35 m.	(f. ad. Brem. Samml)

Der kräftige Schnabel nähert diese Art A. morio, der gerade Schwanz ist wie bei A. caffer geformt

Bewohnt einzelne Gebiete Palästina's, namentlich die felsigen Schluchten um das todte Meer, und das petraische Arabien. Tristram entdeckte den Vogel bei Mar-Saaba in den Thalschlucht des Kedron. Heuglin und Brehm beobachteten eine kleine wohl auf der Wanderung begriffene Gesellschaft desselben auf einer Tour durch das Wadi-Firan. Auch auf dem Sinai. Tristram nennt den Stimmlaut ein sonores und melodiöses Pfeifen, das prachtvoll von Klippe zu Klippe erschalle. Auch Herr C. W. Wyatt meint, er habe niemals einen schöneren Vogelgesang gehört, als den von A. Tristramii in Wadi-Feiran und in dem Geklüft von Petra. Der sehr wilde und scheue Vogel fliegt staarenartig und gewöhnlich in Schaaren von 5—12 Stück. Das unzugänglichste Geklüft ist sein eigentliches Wohngebiet. Die Nester stehen meist unerreichbar. Tristram entdeckte ein solches mit Fragmenten hellblauer Eier. Wyatt beobachtete ein Pärchen auf dem Gipfel einer Palme in Wady-T'láh der Sinai-Halbinsel. Innerhalb der Mauern des Klosters von Mar Saba lebt der Vogel in einem halbdomesticirten Zustande.

Die einzige nicht afrikanische Art dieser Gruppe und schon darum von ungewöhnlichem Interesse.

Syn. Amydrus Tristramii, Sclat. Ann. Mag. N. H Dec. 1858. XXX. — Hartl. Cab. Journ. 1859, p. 33. — Gould, Birds of As. pt. II, t. 9 (fig. opt.). — Tristr. Trav. ci Palest. p. 209. — Tristr. Ibis 1859, p. 32. — Id. Ibis, 1867, p. 366. — C. W. Wyatt, Ibis 1870, p. 4, 6 et 16. — W. J. Chambers, Ibis 1863, p. 476. — Heugl. Orn. N. O. Afr. p. 525. — Lamprotornis morio, Heugl. Syst. Uebers. No. 357 (ex parte). — Amydrus nabourop, Heugl. Cab. Journ. 1863, p. 23. — Id. Fauna des Roth. M. No. 153. — Id. Cab. Journ. 1869, p. 13. — Tristr. Proceed. Z. S. 1864, p. 345.

Genus Pilorhinus, Cab.

Cabau. Mus. Hein. I. p. 201.

Rostrum breviusculum, albidum, subemarginatum, minus compressum, culmine arcuato, subrotundato; nares plumulis pilosis, rigidiusculis, suberectis obtectae.

Alae mediocres, caudae basin superantes, subrotundatae; remiges 3—5 caeteris longiores, subaequales; secunda vix brevior.

Cauda longiuscula, aequalis.

Pedes mediocres, robusti, unguibus magnis. Digitus internus externo brevior.

1 spec.
Africa orient.

P. albirostris, (Rüpp.)

Coracino-niger, alis et cauda nitore nonnullo aeneo virescente; remigibus primariis lacte et dilute rufis, apice latius nigricantibus, scapis rufis; subalaribus coracino-nigricantibus; subcaudalibus virescentibus; rostro albido; pedibus nigris. Iris castanea.

Foem. Omnino magis virescens; capite et collo sordide cinereis, vix striatis vel maculatis.

Long. circa 30 cent.

Beim alten Männchen sind die Deckfedern der Handschwingen auf der Spitzenhälfte hellrostfarben mit blauschwarzem Spitzenrand. Beim Weibchen sind diese Theile ganz bläulichschwarz (Heugl.). Blanford nennt die Iris tiefkupferroth.

Jüngeres Männchen: Unreiner gefärbt. Kopf, Hals und

Brust mit grauzerschlitzten schwach in's Grünliche schillernden Federn; Unterleib in's Bräunliche, schwarzblau variirt; Schwingen zimmtroth mit schwärzlichen Spitzen; auf der ersten reicht diese Färbung noch etwa 14 millim. an der Aussenfahne herab, diese, die sehr schmal, ganz einnehmend. Die Flügel zeigen sehr wenig grünlichen Glanz.

First 2 cent.; die Länge der Flügel variirt von 16 c. bis 16 c. 3 m.; die des Schwanzes von 11 bis 12 c.; die des Tarsus von 3 c. 1 m. bis 3 c. 3 m.

Vaterland: Abyssinien. Es bewohnt diese in Sammlungen häufige Art „das südliche und südöstliche Tigrié und ganz Amhara, südwärts bis in die Gallaländer". Blanford beobachtete dieselbe zahlreich in der Umgegend von Senafé. Jesse's einziges Exemplar stammt von Bayrayguddy. Brehm will den Vogel in Mensa beobachtet haben. Antinori traf ihn zwischen Quedáref und Qualabat. Sein Vorkommen am weissen Nil ist zweifelhaft.

Nach Heuglin lebt dieser muntere geschwätzige Vogel dohlenartig in Felsen und Ruinen, besucht aber auch die Hochbäume, namentlich Cordien und Feigen. Auch sein oft im Fluge lautwerdendes Pfeifen erinnert an C. monedula. Gewöhnlich trifft man kleine oder etwas grössere Gesellschaften. Scheint Standvogel zu sein. Der verticale Verbreitungsbezirk dürfte zwischen 5500 und 10,000 Fuss Meereshöhe gelegen zu sein. Die Nahrung besteht in Früchten und Insecten. Liebt sehr die Frucht von Cordia abyssinica: Rüpp. Antinori vergleicht den Stimmlaut mit dem unserer Staare. Rüppell nennt die Stimme klagend eintönig. Nach Blanford horstet diese Art schaarenweise in Felsen. A. Brehm's „Felsenstaar" konnte leider nicht mit Sicherheit identificirt werden, ist aber wahrscheinlich auf A. albirostris zu beziehen. Der in seinem Benehmen zumeist dohlenartige Vogel war sehr scheu, kletterte geschickt an den Felsen, fliegt leicht und zierlich und sein wohlklingender Lockton erinnerte zumeist an den Staarenpfiff.

Syn. Ptilonorhynchus albirostris, Rüpp. Neue Wirb. Abyss. Vög. p. 22. t. 9, fig. 1. 2. — Id. Syst. Uebers. p. 75. — Juida albirostris, G. R. Gray. — Pilorhinus albirostris, Cab. Mus. Hein. I. p. 201 — Hartl. Monogr. Lampr. Cab. Journ. 1859, p. 30. — Heugl. Syst. Uebers. p. 36. — A. Brehm, Habesch, p. 325. (?) — A. Brehm, Thierleb. III. p. 212. — Heugl. Orn. N. O. Afr. p. 523. — Id. Cab. Journ. 1862, p. 294; 1863, p, 23; 1869, p. 12. — Lefeb. Ois. Abyss. p. 105. — Jesse et Finsch, Transact. Z. Soc. VII. p. 260. — Amydrus albirostris, Blanf. Zool. Abyss. p. 401. — Antin. Catal. descritt. p. 62.

Genus Pyrrhocheira, Reichb.

Reichb. Natur. Syst. d. Vög. t. 53.

Rostrum subgracile, subcompressum, emarginatum, naribus apertis.

Alae pro mole longiores quam in Amydris.

Cauda longiuscula, aequalis.
Pedes majusculi.
spec. 1.
Africa merid.

P. caffra, (L.)

Chalybeo-nigra, nitore nonnullo aeneo in alis et in capitis lateribus; remigibus primariis pogonio externo ferrugineis, apicem versus latissime fusco-olivascentibus, internis isabellinis, scapis dilute isabellinis, apicem versus nigricantibus; remigibus cubitalibus dorso concoloribus; subalaribus nigris; area alae interna albido-isabellina; cauda nigra, nitore nonnullo chalybeo et aeneo; rostro et pedibus nigris. Iris nitide flava. (*m.* ad.)

Av. jun. Obscure fuscescens, nigro-chalybeo hinc inde varia; remigibus ut in adultis.

Long. circa 27 cent.

Die Beschreibung nach einem schönen alten Männchen in der Sammlung R. B. Sharpe's. Die Färbung des Weibchens noch unbekannt. Die sehr schmale Aussenfahne der 1. Schwungfeder an der Basalhälfte dunkelrothbraun, an der Spitzenhälfte braun. Bei den übrigen Schwingen 1. Ordn. ist der schmale Theil der Aussenfahne braun, der breite tiefrothbraun; das Spitzendritttheil aller ist hellschwärzlich.

rostr. a fr.	al.	caud.	tars.	
25 m.	14 c. 2 m.	10 c. 8 m.	27 m.	(Südafr. Brem. S.)
20 m.	15 c.	10 c.	30 m.	(Damara: Coll. Sh.)
25 m.	14 c. 1 m.	10 c.	30 m.	(Damara: Coll. Sh.)
19 m.	13 c. 7 m.	9 c. 6 m.	29 m.	(Jüng. Vog. Damara)

Das Vaterland beschränkt sich auf einzelne Districte Süd- und Südwestafrika's. In Gross- und Kleinnamaqua und im Damaralande nicht selten. Von Monteiro in Benguela gesammelt, von Henderson in Angola. — Colesberg und Nel's Poort: Layard.

Lebt an felsigen Orten in kleineren Schaaren von 5 bis 20 Stück. Fliegt oft sehr hoch und sucht Morgens und Abends wasserreiche Stellen auf. Die Nahrung besteht in Sämereien, Beeren, Insecten (Levaill., Andersson). Levaillant nennt den Stimmlaut anhaltend und sehr angenehm. „Das Geschrei klingt beim Fliegen des Vogels scharf, aber bei Tagesanbruch, ehe die Schaar sich zerstreut, oft ganz melodiös: J. Verr." Layard beobachtete, dass A. fulvipennis und A. morio sich in ihren Flügen scharf von einander getrennt halten. Nistet in Felsklüften. Das ziemlich grosse Nest steht allemal einige Zoll hoch über dem Boden. Fünf bis sechs Eier hellolivengrünlich mit röthlichen Flecken. Die Zeit der Fortpflanzung fällt in die Monate October, November und December: J. Verreaux.

Was von uns im Cab. Journ. 1861, p. 173 von dem Vorkommen dieser Art in Arabien mitgetheilt wurde, beruht auf einer irrthümlichen Verwechselung mit Amydrus Tristramii. Vergl. darüber auch Heugl. Orn. N. O. Afr. p. 526 und Hartl. in Cab. Journ. 1859, p. 111.

Syn. Coracias caffra, L. S. Nat. ed. X. — Le Nabouroup, Levaill. Ois. d'Afr. pl. 91. — Id. Edit. oct. II. p. 274. — Sturnus nabourop, Daud. — Sundev. krit. Framst. Lev. p. 34. — Lamprotornis fulvipennis. Swains. Anim. Menag. p. 298, fig. 49: rostr. — Spreo fulvipennis, Bp. Consp. p. 416. — Nabouroupus fulvip. Id. Coll. Del. p. 8. — Amydrus nabourop, Cab. Mus. Hein. p. 201. — Hartl. Orn. Westafr. p. 116. — Spreo nabourop, Strickl. in Jard. Contrib. Orn. 1852, p. 49. — Juida caffra, G. R. Gray Handl. of B. II. No. 6356. p. 25. — Juida fulvipennis, Lay. B. of S. Afr. p. 173. — Monteiro, Proceed. Z. S. 1865, p. 93. — Amydrus caffer, J. H Gurney, Anders. Birds of Damara. p. 162. — Chapm. Trav. in S. Afr. App. p. 404.

Genus Oligomydrus, Schiff.

Hartl. Cab. Journ. 1859, p. 34.

Rostrum subelongatum, gracillimum, rectum, emarginatum, basi depressiusculum, dertro subdeflexo; nares apertae.

Alae mediocres, caudae medium non attingentes; remige prima spuria, tertia omnium longissima, secunda parum breviore.

Cauda elongata, cuneata, rectricibus duabus intermediis apicem versus valde angustatis.

Pedes robusti, longiusculi.

Ptilosis sericea. Pilei et nuchae plumae apice truncatae.

spec. 1.

Africa orient.

O. tenuirostris, (Rüpp.)

Chalybeo-niger; capite, alis et cauda nitore nonnullo aeneo; interscapulio, tectricibus majoribus, abdomine imo et tibiis pernigris; rostro nigro; pedibus nigris. Iris fusco-rubro.

Foem. Capitis, nuchae et pectoris plumis chalybeo-nigris, apice dilute cinerascentibus; abdominis plumis obscure nigricantibus, cinerascente-marginatis.

Long. circa 34 cent.

Beim jüngeren Vogel sind Zügel, Kinn und obere Kehle grau; Kopf- und Halsfedern mit feinen grauen Spitzen; die Federn des Rückens graulich — die des Unterleibs graubräunlich gesäumt; untere Schwanzdecken stahlbläulichschwarz; Schnabel gedrungener, kürzer, an der Spitze fast weiss; Iris umberbraun.

rostr. a fr.	al.	caud.	tars.	
22 m.	17 c.	20 c.	33 m.	(*m.* ad. Brem. S.)
23 m.	15 c.	16 c.	32 m.	(Jüng. Vog.)

Die Schnabelbreite an der Basis beträgt 12 mill.

Das Vaterland der einzigen Art ist Abyssinien oder vielmehr sind es dessen centrale und südliche Provinzen. Heuglin traf dieselbe im Winter in kleinen Gesellschaften auf den Felsen und Hochplateau's von Wogara, Sankaber und Semién; dann wieder in Begemeder und im Lande der Dschama-gala. Jesse erlangte ein Exemplar in Addigerat.

Die Lebensweise schildert Heuglin: „Pfeifend und raschen Flugs eilen diese Vögel namentlich an Abgründen hin von Baum zu Baum, von Busch zu Busch. Oft sah ich sie an den hohen Blüthenschossen der Djibara (Rhynchopetalum montanum) geschickt auf und ab klettern, wohl nur, um deren mohnsaamengrosse Körner aus den sie einschliessenden Kapseln herauszupicken." Die vertikale Verbreitung liegt hauptsächlich zwischen 10- und 14,000 Fuss. Heuglin stiess einmal auf eine Colonie in Belegazthal, 6000 Fuss hoch, gerade da, wo sich der Wildbach von Woina durch eine tiefe, dunkle, enge Schlucht in den Belaganz hinabstürzt. Dieses Felsportal wimmelte von diesen Glanzstaaren, die unter pfeifendem etwas dohlenartigem Ruf beständig aus- und einflogen. Möglich dass sie hier brüteten. Vermuthlich Standvogel. — Nach Rüppell besteht die Nahrung in Insecten.

Syn. Lamprotornis tenuirostris, Rüppell N. W. Abyss. Vög. p. 26, t. 10, fig. 1. — Oligomydrus tenuirostris, Schiff, Mus. Frankof. — Cinnamopterus tenuirostris, Bp. Collect. Del. p. 8. — Oligom. sturninus, Heugl. Cab. Journ. 1863, p. 15. (av. hornot.) — Heugl. Syst. Uebers. No. 253. — Heugl. Orn. N. O. Afr. p. 527. — Hartl. Monogr. Cab. Journ. 1859, p. 34. — Heugl. Cab. Journ. 1862, p. 92; 1863, p. 23 und 1869, p. 15. — Jesse et Finsch, Transact. Z. Soc. VII. p. 260.